Riskanter Glaube

Einübung im Christentum

Impressum

Medieninhaber und Hersteller: Evangelischer Presseverband
Satz: epv/Elisabeth Arzberger
Covergestaltung: Arno Dudek
Verlags- und Herstellungsort: Wien 2009
1. Auflage
ISBN 978-3-85073-312-0

Ulrich H.J. Körtner

Riskanter Glaube

Einübung im Christentum

Inhalt

Vorwort

Der Glaube ist eine riskante Sache. Mit ihm und für ihn steht einiges auf dem Spiel. Der Einsatz ist das eigene Leben. Nur wer sein Leben verliert, wird es gewinnen. Das ist keineswegs nur metaphorisch gemeint. Genügend Christinnen und Christen haben um ihres Glaubens willen ihr Leben verloren oder es im Einsatz für andere hingegeben. Etliche sind im Laufe der Geschichte von der Kirche verfolgt worden, und auch viele Nichtchristen hat der christliche Glaube das Leben gekostet.

Gewiss ist die Geschichte des Christentums nur zum Teil eine Geschichte religiös motivierter Gewalt, die in klarem Widerspruch zur Botschaft Jesu steht. Christlicher Glaube, der sich leichthin von seinen Verkehrungen meint distanzieren zu können, statt sich selbstkritisch mit der beständigen Gefahr seiner Perversion auseinanderzusetzen, ist zugleich selbstgerecht und unglaubwürdig. Dass auch andere Religionen ihr Gewaltpotential und ihre Gewaltgeschichte haben, ist keine Entschuldigung. Jeder kehre vor seiner eigenen Tür und suche nicht den Splitter im Auge des anderen, sondern den Balken in seinem eigenen.

Eine 2005 veröffentlichte soziologische Studie zum Zusammenhang von Religion und Vorurteilen stellt dem Christentum kein gutes Zeugnis aus. Die Autoren Beate Küpper und Andreas Zick verweisen einerseits auf das Gebot der Nächstenliebe und die egalitaren Kräfte der Religion. Andererseits weisen ihre Umfragedaten ein strenggläubiges Christentum und seinen Überlegenheitsanspruch als Quelle gruppenbezogener Menschenfeindlichkeit aus. Besonders deutlich sei der Einfluss der Religiosität bei Sexismus und Homophobie, bedingt auch bei Antisemitismus und Rassismus. Die inzwischen wieder stärkere Sichtbarkeit der Religion – von manchen fälschlicherweise als ihre Wiederkehr bezeichnet und gefeiert – gehe mit der Verbreitung antisäkularer Einstellungen einher, welche Vorurteile und Abwertung von Menschen begünstigten. Der Glaube sei insofern riskant, als er zwar Nächstenliebe predigt, zugleich aber nicht vor Vorurteilen schützt, sondern diese sogar noch bedient und legitimiert.

Selbsteinschätzung und Fremdwahrnehmung von Christen – so die Autoren der zitierten Studie – fallen offenbar auseinander. Gläubige Christen, Protestanten zumal, halten sich selbst für empathischer als Konfessionslose. Gerade dieses positive Selbstbild hindert sie jedoch daran, sich selbstkritisch mit dem eigenen Überlegenheitsanspruch und den mit ihm verbundenen Vorurteilen auseinanderzusetzen.

Steht dieser Behauptung, so möchte man einwenden, nicht die reformatorische Lehre von der Rechtfertigung des Sünders allein aus Gnade entgegen? Verstehen sich nicht gerade evangelische Christen als gerechtfertigte Sünder, die um ihre eigene Vergebungsbedürftigkeit wissen? Und ist nicht das Christentum die Hauptquelle einer Kultur des Verzeihens, derer unsere Gesellschaft so dringend bedarf? So richtig dies ist, so sehr begünstigt doch gerade eine protestantische Schuldethik die Suche von Schuld auch bei anderen, die zugleich von der eigenen Verantwortung ablenkt.

Es steht zu erwarten, dass Befragungen unter den Anhängern anderer Religionen zu ähnlichen Ergebnissen führen würden. Religionssoziologische Studien über Fundamentalismus und restaurative Bewegungen in Christentum, Islam und Judentum weisen in diese Richtung. Was den Zusammenhang von Religiosität, Vorurteilen und Diskriminierung anderer betrifft, können wohl auch andere Religionen als „riskanter Glaube" gelten. Das aber ist keine Entschuldigung, wenn Anspruch und Wirklichkeit des gelebten christlichen Glaubens auseinanderfallen. Will das Christentum seinem Anspruch, denkender Glaube zu sein, gerecht werden, muss die Fähigkeit zur Reflexion und zur Selbstkritik – das heißt aber zum theologischen Denken – gestärkt werden. Entgegen einem kulturwissenschaftlichen Theologieverständnis, das heute en vogue ist, taugt „gelebte Religion" jedenfalls nicht als theologische Leitkategorie, wenn nach Kriterien gefragt wird, um zwischen Faktizität und Normativität christlichen Glaubens zu unterscheiden.

Die vermeintliche Wiederkehr der Religion mit ihren antisäkularen Tendenzen täuscht über grundlegende Erfahrungen und Einsichten hinweg, die der Moderne eingezeichnet sind. Dabei geht es nicht nur um das Erbe der Aufklärung, sondern auch um die geschichtlichen Erfahrungen des 19. und 20. Jahrhunderts, die sich im Schmerz um die Kreatur und um den verborgenen Gott verdichten, von dem der Dichter Reinhold Schneider gesprochen hat. Diesen Schmerz kann keine künstliche Resakralisierung der modernen Welt auf Dauer betäuben. Wenn insbesondere die evangelische Theologie nach dem Ersten Weltkrieg so emphatisch von der Selbstoffenbarung Gottes als alleinigem Erkenntnisgrund des Glaubens gesprochen hat, so versuchte sie damit die existentielle Erfahrung der Verborgenheit Gottes zu verarbeiten, der auf paradoxe Weise als Abwesender anwesend ist.

Riskant ist der christliche Glaube deshalb, weil er alle falschen religiösen und metaphysischen Sicherheiten hinter sich lassen muss. Daran wollen die unzeitgemäßen Betrachtungen dieses Buches erinnern. Sie wollen zu einem Glauben ermutigen, der sich der Tendenz zur Resakralisierung der Wirklichkeit und der Betäubung des Schmerzes um den verborgenen Gott verweigert; zu einem Glauben, dessen Skepsis kraft der bedingungslosen Liebe, die Gott schenkt und zusagt, trotz allem eine glückliche Skepsis ist. Von solchem Glauben lässt sich sagen: „Er zog aber seine Straße fröhlich" (Apostelgeschichte 8,39).

Wien, im April 2009

Ulrich H.J. Körtner

Mein Glaube

Ja, ich glaube, wobei zu meinem Glauben eine gesunde Portion Skepsis gehört. Sie richtet sich ebenso gegen die Renaissance der Religion wie gegen den neuen Atheismus, dessen militanter Dogmatismus dem religiösen Fundamentalismus, gegen den er lautstark polemisiert, in nichts nachsteht. Der platte Atheismus, der heute bei Richard Dawkins und anderen Hohepriestern des Unglaubens seine Neuauflage erlebt, ist genauso oberflächlich wie der Theismus, der sich Gott auf anthropomorphe Weise als Designer unseres Kosmos denkt. Er unterscheidet sich deutlich vom Protestatheismus Albert Camus', Max Horkheimers oder Ernst Blochs, die sich leidenschaftlich und ernsthaft an der Theodizeefrage abgearbeitet haben und zu wichtigen Gesprächspartnern der politischen Theologie und der Theologie der Befreiung wurden.

Zu Recht warnte der katholische Theologe Michael N. Ebertz kürzlich vor einem Christentum ohne Christus. Nicht eine vage Transzendenz- oder Gottoffenheit, sondern das Christusbekenntnis ist der entscheidende „Marker", an dem das Label „Christentum" auf dem Markt der religiösen Möglichkeiten und Unmöglichkeiten erkannt wird. Von hier aus ist die Identität von Glaube und Kirche zu bestimmen. Das erfordert freilich auch Redlichkeit, wenn es darum geht, die eigene Lage einzuschätzen, keine Schönfärberei. Auf die Anfänge des Verstehens zurückgeworfen, gilt es neu zu fragen: Was bedeutet Christus für diese Welt, und was heißt es, ein Christ zu sein?

Mein Glaube gründet in der Botschaft vom gekreuzigten Gott, die in der Passion Jesu Gott selbst leiden sieht. Jesu Schrei am Kreuz: „Mein Gott, mein Gott, warum hast du mich verlassen?“ führt ins Zentrum des christlichen Glaubens, dessen Weisheit sich so gar nicht in den Zeitgeist moderner Spiritualität und Esoterik fügt. Meine Skepsis richtet sich gegen jede Religiosität, die das Skandalon des Kreuzes ignoriert oder verharmlost und Christusnachfolge mit einer vagen Transzendenzsuche verwechselt.

Der Schrei des Gekreuzigten zeigt uns, dass der christliche Glaube nicht mit dem Sein, sondern dem Strittigsein Gottes beginnt. Auf paradoxe Weise glaubt er, dass Gott als Abwesender in dieser Welt anwesend ist. „Gott gibt uns“, wie Dietrich Bonhoeffer schrieb, „zu wissen, dass wir leben müssen als solche, die mit dem Leben ohne Gott fertig werden. Der Gott, der mit uns ist, ist der Gott, der uns verlässt (Markus 15,34)! Der Gott, der uns in der Welt leben lässt ohne die Arbeitshypothese Gott, ist der Gott, vor dem wir dauernd stehen. Vor und mit Gott leben wir ohne Gott.“

Die Rede von Gott ist ebenso wenig unabdingbar wie die Frage nach ihm. Die Frage nach Gott wird darum gestellt, weil Menschen seine Offenbarung, seine Liebe und Barmherzigkeit bezeugt haben und heute noch bezeugen. Menschliche Rede von Gott kann freilich misslingen. Es ist solches Misslingen, das Theologie und Kirche beunruhigen muss. Denn das erschüttert beide bis ins Mark. Verglichen mit dieser fundamentalen „Gotteskrise“ (Johann Baptist Metz) bleiben die Debatten über die Wiederkehr der Religion und den neuen Atheismus ein Oberflächenphänomen.

Unser theologisches Reden und Nachdenken verfehlt Gott, wenn es nicht durch eigene Erfahrung gedeckt ist. „Damit das Recht der Erkenntnis seine Gültigkeit habe, muss man sich ins Leben hinauswagen, hinaus aufs Meer, und muss einen Schrei erheben, ob Gott ihn nicht hören wolle" (Søren Kierkegaard). Hinauswagen ins Leben aber muss sich der Glaubende in der Solidarität mit den anderen, insbesondere den Leidenden und Entrechteten, soll der Glaube etwas anderes als eine Form des Heilsegoismus sein. Nur dann ist alles Reden von Gott wenn nicht schon wahr, so doch wahrhaftig. Ausdruck meiner paradoxen Gewissheit aber ist der Ausruf: „Ich glaube; hilf meinem Unglauben!" (Markus 9,24)

Vergebung!

Von Tribunalisierung, Sündenböcken und der Kultur des Verzeihens

Montag tagt das Strafgericht. Um 16 Uhr. Anschließend ermittelt Staatsanwalt Posch. Schon mal gesehen? Falls es sich Montagnachmittag bei Ihnen schlecht ausgehen sollte: macht nichts. Dienstag ist wieder Gerichtstag, gleicher Sender, gleiche Zeit. Mittwoch, Donnerstag und Freitag ebenfalls. Bleiben Sie dran! Bis es auch morgen wieder heißt: Wer wird schuld gewesen sein?

Die Weltgeschichte, schrieb einst Friedrich Schiller, ist das Weltgericht. Heute ist das Fernsehen seine Westentaschenausgabe. Im Vergleich zum Weltgericht alten Typs, wie es zum Beispiel Michelangelo an die Wände der Sixtinischen Kapelle gemalt hat, kann man heute zwischen mehreren Programmen wählen. Wem es in der Gerichtsverhandlung des einen Senders zu fad wird, der kann zum Richter Gnadenlos auf dem anderen Kanal switchen. Medientechnisch und weltgerichtsmäßig ein großer Fortschritt! Der Philosoph Leibniz behauptete einst, die real existierende Welt sei die beste aller möglichen, wobei allerdings die Programmwahl Gott allein vorbehalten war. Heute können sich die Zuschauer selber nicht nur die beste aller möglichen Fernsehwelten, sondern auch noch das beste aller möglichen Weltgerichte wählen.

Alle historischen Ereignisse, schrieb einst Karl Marx, geschehen zweimal: das erste Mal als Tragödie, das zweite Mal als Farce. Die täglichen Gerichtsshows im Privatfernsehen sind die Farce auf das moderne gnadenlose Weltgericht. Das sollte bedenken, wer den christlichen Gedanken an das Jüngste Gericht als erledigten Mythos abtun möchte.

Das aufgeklärte Zeitalter hat Gott den Prozess gemacht. Der Vorwurf der Anklage lautete, wie Gott all das Übel in der Welt zulassen könne. Aus dem göttlichen Weltenrichter wurde der absolute Angeklagte. Als man Gott schließlich für tot erklärte, wendete sich das Blatt. Nun wurde der Mensch von seinesgleichen vor das große Weltgericht gezerrt. Die praktische Folge ist die Übertribunalisierung der modernen Gesellschaft. „Der Mensch" – so der Philosoph Odo Marquard – „wird der absolute Angeklagte, und das ist – in nuce – der Befund, den ich als die ‚Übertribunalisierung' der menschlichen Lebenswirklichkeit bezeichnet habe: dass fortan der Mensch wegen der Übel der Welt als absolut Angeklagter – vor einem Dauertribunal, dessen Ankläger und Richter der Mensch selber ist – unter absoluten Rechtfertigungsdruck, unter absoluten Legitimationszwang gerät."

Die erste historische Erscheinungsform dieser Übertribunalisierung war die Prozess- und Hinrichtungswelle, die sich während der Französischen Revolution über Frankreich ergoss. Ihr sollten in den folgenden Jahrhunderten noch viele Schauprozesse folgen, nicht nur unter Stalin und Hitler oder im kommunistischen China, sondern z.B. auch in der McCarthy-Ära während der fünfziger Jahre in den USA, als die Angst vor kommunistischer Unterwanderung zu einer regelrechten Hexenjagd ausartete.

Und heute: Islamische Terroristen liquidieren ihre Geiseln vor laufender Kamera und stellen ihre Videos anschließend ins Internet. Auf der Gegenseite versichert der amerikanische Präsident seinen Anhängern: „We will bring them to justice." Was man sich darunter vorzustellen hat, zeigen die Bilder von Folterungen irakischer Häftlinge im Abu-Ghraib-Gefängnis in Bagdad oder von afghanischen Gefangenen auf der Insel Guantánamo, denen elementare Gefangenenrechte vorenthalten werden.

Die Suche nach Schuldigen und Sündenböcken findet auch in unseren Breitengraden beständig statt. Wir brauchen nicht nur an die Stigmatisierung und Diskriminierung von Ausländern und Migranten zu erinnern. Man denke auch an die Art und Weise, wie in modernen Demokratien politische Verantwortung konstruiert und zugewiesen wird. Man denke nur an die schillernde politische Rolle der Medien oder an parlamentarische Untersuchungsausschüsse. Vordergründig besteht deren Aufgabe in der Wahrheitsfindung, in der Aufklärung politischer Missstände und in der Suche nach den politisch Verantwortlichen. Zur Dialektik dieser Form von Aufklärung gehört freilich die Konstruktion von Gut und Böse, Schuld und Sühne, Freund und Feind. Untersuchungsausschüsse sind ein beliebtes Instrument, den politischen Gegner öffentlich an den Pranger zu stellen. Das Parlament mutiert zum medial wirkungsvoll inszenierten Tribunal, bei dem die Rollen von Richter und Angeklagten wechseln können und alle Beteiligten wetteifern, aus der Skandalisierung politischer Vorgänge Kapital zu schlagen.

Das Letzte, womit wir in unserer gnadenlos übertribunalisierten Lebenswelt rechnen dürfen, ist Vergebung. Ohne Vergebung aber bleiben wir an die Folgen unseres Handelns gekettet, das sich nicht ungeschehen machen lässt und vorsätzlich oder unabsichtlich Schaden anrichten kann, der sich niemals wieder gutmachen lässt. Was wir als Gegengift gegen die permanente Tribunalisierung des Lebens benötigen, ist eine Kultur des Verzeihens und des Erbarmens.

Es war die jüdische Philosophin Hannah Arendt, die auf die Bedeutung einer solchen Kultur nicht etwa nur für den privaten, sondern auch für den politischen Bereich hingewiesen hat. In der menschlichen Fähigkeit zu verzeihen besteht nach Arendt das „Heilmittel gegen Unwiderruflichkeit", dagegen nämlich, dass man Getanes nicht rückgängig machen kann. Und es war nach ihrer Ansicht Jesus von Nazareth, der dieses Heilmittel und seine Kräfte innerhalb des Bereichs menschlicher Angelegenheiten zuerst gesehen und entdeckt hat. Allenfalls noch bei den Römern im – den Griechen der Antike unbekannten – Prinzip der Schonung der Besiegten glaubt Arendt außerhalb der Evangelien Spuren der Einsicht in die Relevanz der Vergebung für den Schaden, den alles Handeln unweigerlich mit anrichtet, zu finden.

Wo es kein Verzeihen gibt, bleibt nur die Rache. Sie ist eine Form der Kompensation für entstandenes Unrecht, die in der Religionsgeschichte auch auf das Verhältnis zwischen Menschen und Göttern, Lebenden und Toten ausgeweitet wird. Durch sie soll die gestörte Rechtsordnung wiederhergestellt werden. Rache gebiert freilich neues Unrecht. Menschen, Gesellschaften und Religionsgemeinschaften geraten so in eine Spirale der Rache von Gewalt und Gegengewalt hinein.

Im Unterschied zu vergangenen Epochen entwickelt die Neuzeit ein Rechtsverständnis, wonach sich die Rache außerhalb des Rechtsrahmens bewegt, während in früheren Zeiten die Rache als soziales Verhaltensmuster innerhalb der Rechtsordnung verstanden wurde. An die Stelle der Rache tritt die Strafe im Rahmen eines gesetzlich festgelegten Strafmaßes. In ihr sieht Arendt die einzige Alternative zur Vergebung. Strafe und Vergebung stehen aber in einem inneren Zusammenhang, da wir nicht verzeihen können, wo uns nicht die Wahl gelassen ist, die Vergebung zu verweigern und gegebenenfalls zu strafen. Umgekehrt handelt es sich bei denjenigen Vergehen, die sich als unbestrafbar herausstellen, gemeinhin auch um solche, die wir außerstande sind zu vergeben. Arendt setzt solche Vergehen mit dem radikal Bösen gleich, von dem Kant gesprochen hat.

Arendts ungemein erhellende Ausführungen zur Kultur des Verzeihens sehen im religiösen Kontext der Verkündigung Jesu lediglich deren Entdeckungs-, nicht aber ihren unaufgebbaren Begründungszusammenhang. Wenn Arendt behauptet, Jesus habe die Ansicht vertreten, nicht nur Gott, sondern auch die Menschen hätten die Macht, Sünden zu vergeben, ebnet sie den Unterschied zwischen Schuld und Sünde ein, der für das christliche Sündenverständnis zentral ist. Denn mit Sünde sind doch jene Formen der Schuld bezeichnet, die uns zwischenmenschlich unvergebbar erscheinen. Mehrfach wird Jesus in den Evangelien dafür scharf kritisiert, dass er sich anmaße, Sünden zu vergeben, was doch Gottes Sache allein sei. Auch ist zu fragen, woher Menschen die Motivation und die Größe gewinnen, anderen zu vergeben statt Rache zu üben.

In der Tat besteht die religiöse Provokation Jesu genau darin, dass er die Vollmacht beansprucht, im Namen Gottes Sünden zu vergeben und von dem radikal Bösen zu erlösen; Sünden, die wir für unverzeihlich halten, weil ihre Folgen so immens sind, dass sie jedes menschliche Maß an Wiedergutmachung übersteigen. Das Neue Testament begreift schließlich den Tod und die Auferweckung Jesu als definitiven göttlichen Akt des Verzeihens. Mehr noch, es deutet den Tod Jesu als Inbegriff göttlicher Feindesliebe (Römer 5,10), in welcher die Zuspitzung des Gebotes der Nächstenliebe zum Gebot der Feindesliebe (Matthäus 5,38-48) ihren eigentlichen Grund hat. Das göttliche Verzeihen aber zielt auf endgültige und universale Versöhnung.

Gerade seine religiöse Dimension macht das Christentum zur maßgeblichen Ressource einer Kultur des Verzeihens. Die Säkularisierung religiöser Vokabel wie Sünde und Vergebung verschüttet dagegen, wie selbst Jürgen Habermas kritisiert, das Surplus ihrer Sinngehalte, auf die eine säkulare Kultur angewiesen bleibt.

Wer Arendts Ausführungen zu den unvergebbaren, da auch unbestrafbaren Taten, das heißt zu solchen Taten, deren ungeheuerliche Schuld durch keine irdische Strafe gesühnt werden kann, im Ohr hat, wird vielleicht den Sinn der biblischen Rede vom Jüngsten Gericht neu verstehen. Der Gerichtsgedanke ist eine Implikation der christlichen

Gewissheit, dass bei Gott kein Ding unmöglich ist. Ohne den Gedanken des richtenden Gottes verliert auch derjenige des gnädigen Gottes seine Plausibilität.

Die neuzeitliche Befreiung des Menschen vom metaphysischen Vorwurf der Sünde erweist sich als trügerisch, weil mit dem religiösen Begriff der Sünde auch die Dimension der Gnade abhanden kommt. Wenn die Theodizee zur Anthropodizee mutiert und der Mensch zum absoluten Angeklagten wird, können wir auf keine Instanz mehr hoffen, die uns freispricht. Paradigmatisch reflektiert diese Situation Franz Kafka in seinem Roman „Der Prozess". Kirchliche Beicht- und Vergebungsrituale sind heute zugegebenermaßen ein Minderheitenprogramm. Dafür gibt es nun die medial inszenierten öffentlichen Lebensbeichten von Prominenten und Durchschnittsmenschen, denen doch keine wirkliche Absolution erteilt wird.

Für die ethische Urteilsbildung ist der Glaube an die Heilsbedeutung des Todes Christi in doppelter Hinsicht von Belang, weil das Wort vom Kreuz zum einen die Logik des Sühnopfers und damit auch des Sündenbockmechanismus von innen her zerbricht. Der biblische Gerichtsgedanke und die Lehre von der Rechtfertigung des Sünders stehen darum für eine Hoffnung, die den Opfern der Geschichte wie auch den Tätern gilt. Einerseits ist zwischen Opfern und Tätern zu unterscheiden, so dass Versöhnung nicht auf Kosten der Opfer geschieht und die Mörder – mit Max Horkheimer gesprochen – nicht über ihre Opfer triumphieren. Andererseits darf die theologisch begründete Kritik des Sündenbockmechanismus nicht derart pervertiert werden, dass es am Ende gar keine

Täter, sondern nur noch Opfer gibt, so dass ungesühnte Schuld durch eine Versöhnungsrhetorik verschleiert wird. Bei der Benennung und Aufarbeitung von Schuld handelt es sich nicht allein um das Problem der Wiedergutmachung, so wichtig allein dieses Thema für sich schon ist, sondern auch um die Frage, wie Versöhnung möglich ist angesichts der Toten, die am Akt der Versöhnung nicht mehr als Subjekt beteiligt sein können.

Versöhnung hat das Gedächtnis der Toten und ihrer Leiden einzubeziehen. Daher kann es Vergebung und Versöhnung unter den Lebenden nur geben, wenn sie zugleich ein mit den Toten solidarisches Handeln sind. Das biblische Wort von der Versöhnung aber verweist auf Kreuz und Auferstehung Jesu als letzten Grund göttlicher Solidarität mit den Opfern der Geschichte und somit auf den letzten Grund einer Hoffnung auf Versöhnung in kosmischen Dimensionen, die keinen, der je gelebt und gelitten hat, ausschließt. Diese Hoffnung gilt es im Leben und Handeln aus Glauben praktisch zu bewähren. Leben aus der Kraft der Versöhnung ist also Leben im eschatologischen Horizont des Reiches Gottes. In diesen Horizont sind alle menschlichen Bemühungen um Versöhnung gestellt, ohne ihn freilich je einholen zu können.

Der Gott der Liebe

Die Sehnsucht nach Liebe beherrscht unser privates wie öffentliches Leben. Sie wird im Schlager besungen und auf der Bühne oder auf der Leinwand inszeniert. Ob es nun die zu Tränen rührende Liebesgeschichte in James Camerons Filmepos über den Untergang der Titanic oder die tragische Geschichte des Johannes Elias Alder in Robert Schneiders Roman „Schlafes Bruder“ ist: Von diesen Geschichten fühlen sich unzählige Menschen angesprochen und bewegt, weil in ihnen die Liebe als der Sinn des Lebens zelebriert wird, Liebe, die stark ist wie der Tod. Im Film findet die große Liebe statt und gelangt zu ihrer Erfüllung. Und somit ist das Kino ein Versprechen, dass es auch für uns die große Liebe geben kann. Und diesem Versprechen jagen wir nach.

Die Liebe, das wussten wir schon immer, ist eine Himmelsmacht. Sie hat eine religiöse Dimension. Liebe ist stark wie der Tod. Geburt und Tod markieren Ursprung und Ende unseres Lebens. Eros und Thanatos verweisen auf das Geheimnis des Lebens, auf die Transzendenz, das Heilige. Gute Zeiten also für das Christentum? Schließlich ist doch das Christentum die Religion der Liebe schlechthin! Seine Botschaft lautet, dass Gott Liebe ist und wir darum Gott und unseren Mitmenschen lieben sollen wie uns selbst. Das Neue Testament verkündigt den Gott der Liebe, wie ihn Paulus in 2. Korinther 13,11 nennt. Die Liebe dieses Gottes, der in Jesus von Nazareth Mensch geworden ist, ist grenzenlos – bis in den Tod, den Tod Jesu am Kreuz. Sie ist stark wie der Tod, ja, stärker als dieser, weil sie den Tod nicht nur erleidet und freiwillig auf sich nimmt, sondern ihn überwindet, so gewiss Jesus von den Toten auferstanden ist.

Aber gerade dieser Teil der christlichen Botschaft stößt heute weithin auf Unverständnis. Wie die gebildeten Griechen auf dem Areopag in Athen, denen Paulus den christlichen Gott verkündigen wollte, schütteln die Menschen den Kopf und sagen freundlich, aber reserviert: „Wir wollen ein anderes Mal mehr davon hören."

Der biblische Gott der Liebe hat Konkurrenz bekommen. Lautet der Name des christlichen Liebesgottes auf Griechisch Agape oder auf Lateinisch Caritas, so derjenige des modernen Liebesgottes Eros. Nicht den Vater Jesu Christi verehren die Zeitgenossen, vielmehr bringen sie dem Gott Amor oder der Aphrodite ihre Opfer.

Dabei müsste zwischen der Gottes- und Nächstenliebe im Sinne der Bibel einerseits und der irdischen, Sexualität und Erotik umfassenden Liebe andererseits gar keine Konkurrenz bestehen. Das Hohelied im Alten Testament besingt die Liebe zwischen Mann und Frau und sieht in ihr die gute Gabe des Schöpfers. Doch wie die Kirche im Verlauf ihrer Geschichte die menschliche Sexualität immer wieder verdächtigt und mit der Sünde in Verbindung gebracht, sie schlechtgeredet und unterdrückt hat, so ist die irdische Liebe inzwischen zur nachchristlichen Religion geworden, die sich als Alternative zum überkommenen Christentum versteht.

Der Soziologe Ulrich Beck spricht nicht von der Religion, sondern von der Nachreligion der irdischen Liebe.

Es handelt sich bei ihr um eine Religion ohne Gott, ohne Tradition und ohne Institution wie zum Beispiel die Kirche. Zu dieser Religion muss niemand bekehrt werden oder ihr förmlich beitreten. Wer ihr angehört, braucht keine Kirchensteuer zu zahlen – und zahlt doch einen hohen Preis.

Denn die Nachreligion der irdischen Liebe, die rein diesseitig ausgerichtet ist, vermag im Unterschied zum christlichen Glauben den Tod nicht zu überwinden. Während das Neue Testament den Tod Jesu als endgültige Überwindung des Todes feiert, dessen beherrschende Macht über das Leben gebrochen ist, spielt sich in unserer modernen Gesellschaft immer und immer wieder der Tod der irdischen Liebe ab, ohne dass dieser Teufelskreis durchbrochen würde.

„Der Tod", schreibt Ulrich Beck, „ihr Tod bleibt für die nachreligiöse Liebe sinnleer, sinnlos. Oder genauer gesagt: Er könnte nur dort durch Sinn gemildert werden, wo die Trennung ‚um der Liebe willen', also in Eintracht vollzogen und gemeinsam verstanden wird. Mag für nachwachsende Generationen ‚Liebeswechsel' zu einer Art Berufswechsel werden, ‚Liebesmobilität' zu einer Unterart sozialer Mobilität, die Scheidungsdramen bislang deuten auf das Gegenteil hin."

Weiter beobachtet der Soziologe: „Die irdische Religion der Liebe steht unter dem Diktat der Diesseitigkeit, der Duhaftigkeit, der Konkretheit und Nachprüfbarkeit der Erfüllung, die verheißen wird. Aufschub ist letzten Endes ebensowenig möglich wie die Vermittlung über Gott oder die Vertagung des Ausgleichs auf das Leben nach dem Tode. Es fehlt das Erbarmen des Jenseits, mit dem die Religionen die Konflikte und das Überbordende der Ansprüche zugleich entladen und erfüllen konnten – ohne ihr Versprechen bar, sozusagen in der Münze nachprüfbarer Erfahrungen ‚bezahlen' zu müssen."

Ulrich Beck macht auf einen sehr wichtigen Aspekt der modernen Liebesreligion aufmerksam, nämlich auf ihren Mangel an Barmherzigkeit. Wo Gott ausfällt und alle Erfüllung im Diesseits gesucht werden muss, wachsen die Ansprüche an den Liebespartner ins Maßlose. Das biblische Gebot, den Nächsten zu lieben wie sich selbst, wird zur Forderung maßloser Liebesansprüche pervertiert. Eben daran scheitern so viele Ehen, dass sich die Ehepartner wechselseitig mit überzogenen Glücksansprüchen überfordern und sich das Leben zur Hölle machen. Oder aber die unstillbare Sehnsucht nach der großen Erfüllung, die immer aufs Neue enttäuscht wird, treibt Menschen von einer Liebesbeziehung in die nächste.

Und schließlich fördert die Nachreligion der irdischen Liebe den Irrglauben, dass wahre Liebe käuflich sei. Die wahre Liebe wird zur käuflichen Ware, weshalb bezeichnenderweise eine der Erotikshows im Privatfernsehen „Wa(h)re Liebe" heißt. Käuflich ist freilich nicht die wirkliche Liebe, die Zuneigung und die Selbstlosigkeit, sondern allenfalls die sexuelle Dienstleistung. Die Sexualisierung unserer Alltagskultur ist auf Illustriertencovers, Werbeplakaten und im Fernsehen übermächtig. Mit der Sehnsucht nach Liebe lässt sich gutes Geld verdienen. Sie stimuliert den Konsum. Doch der Konsum ist nur ein Kompensationsgeschäft, eine Ersatzhandlung, durch welche die Sehnsucht nach der wahren Liebe eben nicht gestillt wird.

Was die Menschen umtreibt, ist nicht nur die Sehnsucht, sondern auch die Angst. Die Angst nämlich vor dem Scheitern der Liebesbeziehungen, die Angst vor dem Verlust, die Angst vor der Einsamkeit. Diese Angst macht erpressbar. Die Drohung mit Liebesentzug ist ein beliebtes Mittel, um anderen Menschen den eigenen Willen aufzuzwingen. Es kommt zwischen Eltern und Kindern zum Einsatz, zwischen Ehepartnern, im Freundeskreis, aber auch in den Medien. Und da dieses Leben vermeintlich die letzte Gelegenheit ist, leben die Menschen in ständiger Angst, die große Liebe, den Moment der Erfüllung, den es – wer weiß? – vielleicht ja doch einmal geben könnte, zu verpassen.

Der erste Johannesbrief hält dagegen: „Furcht ist nicht in der Liebe, sondern die vollkommene Liebe treibt die Furcht aus; denn die Furcht rechnet mit Strafe. Wer sich aber fürchtet, der ist nicht vollkommen in der Liebe" (1. Johannes 4,17f).

Wer sich vor Liebesentzug, mit dem wir uns wechselseitig bedrohen, fürchten muss, hat die vollkommene, wahre Liebe noch nicht gefunden. Deren untrügliches Zeichen besteht nämlich drin, dass jemand der Liebe ganz gewiss ist und von der Angst, sie verlieren zu können, ganz frei wird.

Der Verfasser des ersten Johannesbriefes ist überzeugt, die wahre Liebe gefunden zu haben, oder besser gesagt: von ihr gefunden worden zu sein. Er hat den Gott der Liebe gefunden, nein, dieser ihn. Aber es ist nicht der Liebesgott unserer modernen Religion der irdischen Liebe, sondern der Gott der Agape, der im Unterschied zur Liebesillusion inneren Frieden und Gewissheit schenkt.

Aber handelt es sich bei diesen Sätzen nicht auch bloß um eine unbewiesene Behauptung, um leeres Gerede? Das hängt offenbar davon ab, wie die Grundthese des ersten Johannesbriefes zu verstehen ist, die das neutestamentliche Gottesverständnis überhaupt auf den Punkt bringt: „Gott ist Liebe; und wer in der Liebe bleibt, der bleibt in Gott und Gott in ihm“ (1. Johannes 4,16).

Was aber soll es denn heißen, dass Gott die Liebe ist? Bei diesem Satz kommt es sehr darauf an, die Grammatik zu beachten. Beim ersten Lesen scheint es so zu sein, dass Gott die große Unbekannte ist, ganz so, wie er es ja auch für viele Menschen heute zu sein scheint. „Glaubst du an Gott?“, fragt Margarete in Goethes „Faust“. Der aber antwortet: „Wer darf ihn nennen? Und wer bekennen: ‚Ich glaub ihn!‘ […] Nenn's Glück! Herz! Liebe! Gott! Ich habe keinen Namen dafür! Gefühl ist alles; Name ist Schall und Rauch, umnebelnd Himmelsglut.“

Wenn ein namenloses Gefühl alles ist in der Religion der Liebe, dann sind Liebe und Gott austauschbare Wörter. Es macht dann keinen Unterschied, ob ich nun sage: „Gott ist die Liebe“ oder aber: „Die Liebe ist Gott“. Auf dieser Gleichsetzung, dieser Vertauschung von Subjekt und Prädikat, beruht die moderne Nachreligion der irdischen Liebe. Sie glaubt zu wissen, was Liebe ist, und erklärt sie zum Gott, dem alles geopfert wird.

Die Pointe des ersten Johannesbriefes besteht aber darin, dass Subjekt und Prädikat seiner Grundaussage über Gott nicht vertauscht werden dürfen. Gott ist nicht der austauschbare Name für ein uns hinlänglich bekanntes Phänomen, eine bestimmte Weise der Mitmenschlichkeit. Vielmehr ist zunächst einmal die Liebe die große Unbekannte. Eben darum gebraucht der Verfasser für jene Liebe, die Gott ist, wie auch das übrige Neue Testament nicht die Vokabeln Eros oder Philia, also nicht die griechischen Wörter für Erotik und Freundschaft, sondern ein griechisches Wort, das zunächst ganz unspezifisch von Liebe spricht: Agape. *Agapan* bedeutet im antiken Griechisch soviel wie wenn wir sagen: Ich liebe Brahms, einen guten Wein oder das Meer.

Um die Verwechslung der Liebe, die Gott ist, mit anderen Formen der Liebe zu vermeiden, spricht das Neue Testament von Agape. Doch bleibt dieses Wort in der Bibel nicht so mehrdeutig und schillernd, wie es von Hause aus ist. Es bekommt vielmehr eine ganz eigentümliche Bedeutung, indem es mit der Person Jesu von Nazareth, seiner Verkündigung und seinem Leben und Sterben in Verbindung gebracht wird. Was Liebe ist, die es wahrhaftig verdient, göttlich genannt zu werden, verstehen wir erst, wenn wir die Geschichte Jesu von Nazareth hören. Seine Lebensgeschichte ist als göttliche Liebesgeschichte zu lesen.

Dieser Mensch widmete sein Leben denen, die wir gar nicht für liebenswert halten würden; solchen, die ihr Leben verpfuscht hatten und schuldbeladen waren; den Außenseitern der Gesellschaft, Menschen mit abstoßenden und ansteckenden Krankheiten, für die es heute schwer wäre, Spendengelder einzuwerben, für Prostituierte und korrupte Beamte. Und letztlich: auch für Menschen wie uns, bei denen sich doch die Frage stellt, weshalb sie eigentlich liebenswerter und achtenswerter als jene Menschen sein sollen, die ich eben aufgezählt habe; für Menschen wie uns, deren Egoismus oder Narzissmus, mag er auch noch so gut hinter einer Fassade von Freundlichkeit versteckt werden, größer als ihre Liebe zu Gott und den Mitmenschen ist und der immer wieder die Oberhand gewinnt.

Diese Liebe, nicht irgendeine, ist Gott. Von dieser Liebe werden wir erfasst und angerührt, wenn wir auf Jesus von Nazareth schauen, wie er uns in den Evangelien geschildert wird. Von dieser Liebe sagt das Neue Testament, dass sie jedem Menschen gilt, dass sie nicht schwankend oder flüchtig ist, sondern dass sie bleibt, dass sie uns umfängt und trägt, auch wenn unsere eigene Kraft zu lieben an Grenzen stößt, wenn wir in der Liebe scheitern oder einander Liebe schuldig bleiben; wenn uns die Liebe anderer versagt bleibt oder entzogen wird.

Dieser Liebe zu vertrauen, das heißt glauben. Und aus solchem Vertrauen in die bedingungslose Liebe können wir die Kraft schöpfen, uns selbst und unsere Mitmenschen zu lieben. Mitmenschlichkeit und Solidarität sind Gestalten dieser Liebe, recht verstanden aber auch die Liebe zwischen Mann und Frau, eine von Liebe getragene Erotik und Sexualität.

Die Liebe, welche in Gott gründet, äußert sich in ganz bestimmten Verhaltensweisen, die Paulus folgendermaßen beschreibt: Sie „ist langmütig, sie ist gütig; die Liebe eifert nicht, sie prahlt nicht, sie bläht sich nicht auf, sie verhält sich nicht ungehörig, sie sucht nicht ihren Vorteil, lässt sich nicht erbittern, sie rechnet das Böse nicht an, sie freut sich nicht über die Ungerechtigkeit, sondern freut sich an der Wahrheit. Sie erträgt alles, glaubt alles, hofft alles, erduldet alles" (1. Korinther 13,4-8).

Paulus zeigt uns den Weg der Mitmenschlichkeit. Er veranschaulicht den Sinn des Doppelgottes der Gottes- und Nächstenliebe, er beschreibt, was es praktisch heißt, einander zu lieben, weil uns Gott zuerst geliebt hat (vgl. 1. Johannes 4,19). Gott ist nicht einfach der Name für eine besondere Weise selbstloser Mitmenschlichkeit, zu der wir von Natur aus fähig wären; aber wo immer solche Liebe und Mitmenschlichkeit geübt werden, da ist Gott. Und da erfahren wir das „Erbarmen des Jenseits", um noch einmal mit Ulrich Beck zu sprechen, an dem es der modernen Nachreligion der Liebe mangelt.

Liebe, Schlaf und Tod

Ein theologischer Versuch zu Robert Schneiders Roman „Schlafes Bruder"

Kunst und Literatur setzen sich oft mit elementaren religiösen Themen auseinander, die von der akademischen Theologie kaum wahrgenommen werden. Zu ihnen gehört der Schlaf. Alle Anthropologie, auch die theologische, handelt vom Menschen zumeist nur im Wachzustand. Das ist eigentlich verwunderlich, wenn man bedenkt, welch hohen Stellenwert das Problem des Todes in der Theologie hat, der Schlaf aber seit alters her nicht ohne Grund als Bruder des Todes bezeichnet wird.

Zu jeder Stunde sind wir mitten im Leben vom Tod umfangen. Im Schlaf aber kommt er uns besonders nahe. Wäre nicht dies allein Grund genug zu bedenken, dass wir nicht nur sterben, sondern auch schlafen müssen, auf dass wir klug werden?

Der Tod, so hat der Apostel Paulus geschrieben, ist der Sünde Sold. Im Schlaf freilich scheinen wir der Sünde enthoben zu sein, wenn auch nur, um neue Kräfte für künftige Sünden zu sammeln. Wen seine Sünden reuen, der mag sich damit trösten, dass zumindest wer schläft, nicht sündigt. Der Schlaf, so will es scheinen, versetzt uns in einen Zustand jenseits von Gut und Böse. Denn wer schläft, vermag weder zu handeln noch zu denken. Allenfalls träumen können die Schlafenden, aber ihrer Träume sind sie ebenso wenig mächtig wie im Schlaf ihrer selbst. Und eben darum sind auch die Schlafenden anscheinend von jeder Schuld und Verantwortung freizusprechen.

Ist es aber wirklich wahr, dass nicht sündigt, wer schläft? Müssen die metaphorischen Ermahnungen des Neuen Testaments, vom Schlaf aufzustehen und stets wachsam gegenüber der Sünde zu sein, nicht vielleicht wörtlich genommen werden? Ist dann nicht der Schlaf überhaupt die Sünde schlechthin? Und verdient er es nicht gerade darum, der Bruder des Todes genannt zu werden, der eben der Sünde Sold ist? Das ist die Frage, vor die uns Johannes Elias Alder stellt, die Hauptfigur in Robert Schneiders 1992 veröffentlichtem, inzwischen mehrfach preisgekrönten und verfilmten Roman „Schlafes Bruder". Es handelt sich um ein theologisches Buch, das in nuce, genauer: sub contrario eine ganze Theologie des Schlafes enthält.

Wer schläft, liebt nicht. Das ist der fundamentale Einwand des Romanhelden Alder gegen die These von der Sündlosigkeit der Schlafenden. Denn wer das Lieben, welches zugleich Gefühl wie Tätigkeit ist, um des Schlafes willen unterbricht, ist nicht vollkommen in der Liebe. Als sei der Satz aus dem Hohenlied des Paulus (1. Korinther 13,8), wonach die wahre Liebe niemals aufhört, als Tätigkeitsbeschreibung des vollkommen Liebenden gemeint, so glaubt Alder, dass vollkommene Liebe nicht etwa nur die Furcht (vgl. 1. Johannes 4,17), sondern auch den Schlaf austreibt. Gott ist die Liebe; und wer in der Liebe bleibt, ohne Unterbrechung Tag und Nacht, der bleibt nach Alders Überzeugung in Gott und Gott in ihm. Nur wer so liebt, dass ihm die Liebe nicht etwa den Schlaf raubt, sondern die Kraft verleiht, dem Schlaf zu widerstehen bis in den Tod, darf Zuversicht haben am Tag des göttlichen Gerichts. Wer aber nicht derart vollkommen bis zur physischen Selbstaufgabe liebt, der ist nicht in Gott und Gott nicht in ihm.

So bilden Liebe, Schlaf und Tod in Schneiders Roman eine Antithese, weil die in Gott ihren Ursprung habende Liebe, die stark wie der Tod ist und damit stärker als dieser, auch stärker ist als dessen Bruder, der Schlaf. Wahre Liebe ist stark wie der Tod, so dass kein Schlaf sie überwältigen kann. Wer aber schläft, verrät die Liebe, übt Verrat an dem Menschen, welchen er liebt, wie an Gott.

Johannes Elias Alder, der zu Beginn des 19. Jahrhunderts als Sohn eines Bauern in einem Vorarlberger Dorf zur Welt kommt, ist ein ebenso begnadetes wie verkanntes musikalisches Genie. Schneider erzählt die Geschichte dieses Menschen, dessen außergewöhnliche Begabung von den einen nicht erkannt und an ihrer Entfaltung gehindert, von anderen schließlich aus Neid zerstört wird. So wirft Alders Lebensgeschichte die Frage auf, ob nicht die Großen der Weltgeschichte, welche zu Nachruhm gelangten, in Wahrheit nur Mittelmaß waren im Vergleich zu allen Alders, die es noch gegeben haben mag. „Und wir spannen fort, dass Sokrates nicht der höchste Denker, Jesus nicht der größte Liebende, Leonardo nicht der trefflichste Bildner und Mozart nicht der vollkommenste Musiker sein konnte, dass vollends andere Namen den Gang dieser Welt bestimmt hätten."

Alder ist nicht nur ein Genie der Musik, sondern auch ein Genie der Liebe. Er liebt seine Kusine Elsbeth derart, dass er schließlich durch freiwilligen Schlafentzug den Tod findet. So opfert er sein Leben für eine Liebe, die unerwidert bleibt. Diese Liebe sucht nicht das Ihre, sie lässt sich nicht erbittern, sie rechnet das Böse nicht zu. Sie erträgt alles, sie glaubt alles, sie hofft alles, sie duldet alles, bis zum Tod.

Alders hoffnungslose Hingabe stellt den Leser vor die Frage, ob nicht tatsächlich Jesus nicht der größte Liebende war. Derselbe Galiläer, welcher seine Jünger im Garten Gethsemane schalt, als sie einschliefen und ihn in seiner Todesangst allein ließen, schlief fest und tief, als er und seine Jünger auf dem See Genezareth in einen Sturm gerieten und um ihr Leben bangten. Wie kann dieser Jesus vollkommen geliebt haben, wenn er die Seinen in höchster Gefahr sich selbst überließ? So mögen sich die Leserin und der Leser fragen, ob Johannes Elias Alder nicht nur größer als Mozart, sondern auch größer als Jesus war.

Alder, das Genie der Musik und der Liebe, trägt unverkennbar christologische Züge. Seine Geburt und Entwicklung sind von wundersamen Umständen begleitet. Seiner außergewöhnlichen musikalischen Begabung wird er durch eine Gottesbegegnung gewahr, von welcher er eine bleibende Verfärbung seiner Iris davonträgt. Ungewöhnlich, erschreckend wie verzaubernd, ist auch seine Stimme, die ihm zusammen mit seinem musikalischen Genie verliehen wurde.

Von Anbeginn liebt er seine jüngere Kusine, der er bereits als Kind das Leben rettete. Doch seine Bestimmung zur Liebe bis zur Selbstaufgabe geht ihm erst auf, als ein Johannes dem Täufer gleicher Schauprediger in Alders

Dorf die freie Liebe verkündigt und seine Predigt in dem Satz gipfeln lässt: „Wer schläft, liebt nicht.“ Es ist Alder bestimmt, seine Kusine zu lieben, obwohl diese später einen anderen heiratet. So wählt Alder am Schluss den Tod durch Schlafentzug. Er stirbt, von seinem Jünger und Jugendfreund auf sein Geheiß an einen Baum gefesselt, wie Christus am Kreuz, doch, wie es scheint, vollkommener in der Liebe.

In gewisser Weise gleicht Alder radikalen Asketen, die in den ersten Jahrhunderten der Kirchengeschichte aufgetreten sind. Nach der Lehre der Messaliner oder Euchiten hauste im Menschen von seiner Geburt an ein Dämon, der nur durch ständiges Gebet vertrieben werden konnte. Diese frühchristlichen Asketen nahmen die Aufforderung Jesu an seine Jünger, ohne Unterlass zu beten (Lukas 18,1-17; 1. Thessalonicher 5,17), wörtlich und suchten sich am Schlaf zu hindern. Ermäßigt wurde das euchitische Prinzip in den Klöstern der Akoimiten, deren Mönche einander im ewigen Gebet ablösten. Von Synoden und Bischöfen wurde die Lehre der Euchiten bekämpft, wenn auch vergeblich. Welche der streitenden Parteien war im Recht? Haben die Euchiten Jesus richtig verstanden und ihn, der doch mitten im Sturm auf dem See Genezareth schlief, in ihrem Eifer für Gott übertroffen; zumindest seine Jünger, die im Garten Gethsemane nicht mit Jesus zu wachen vermochten?

Ist es denn aber wahr, dass nicht schlafen darf, wer wirklich liebt? Und war Johannes Elias Alder tatsächlich größer als Jesus? Oder ist womöglich der Verzicht auf den Schlaf um der Liebe willen eine Gestalt – der Sünde?

Die Schlange verhieß Adam und Eva, sie würden sein wie Gott, wenn sie von dem verbotenen Baum äßen. Alders durch das Verlangen nach grenzenloser Liebe bedingter Selbstmord liest sich wie eine Variation dieses Themas. Denn zur Vollkommenheit Gottes, dessen Wesen nach biblischem Zeugnis die Liebe ist, gehört, dass er niemals schläft. „Der dich behütet", heißt es im 121. Psalm, „schläft nicht. Siehe, der Hüter Israels schläft und schlummert nicht." Das ist es also, was Alder insgeheim will: sein wie Gott. Tatsächlich trifft Alder seine Entscheidung für die Liebe zu Elsbeth bis zu Schlafentzug und Tod als Entscheidung gegen Gott. „Er befand, dass es gut sei, sich für die Liebe zu entscheiden, Geist und Kraft eines ganzen Menschenlebens daran zu geben. Mit dem letzten Quentchen seines begrenzten Willens entschied er sich für Elsbeth und somit gegen sein musikalisches Genie. Weil ihm aber das Genie von Gott gegeben, entschied er sich gegen Gott."

Alder will also genau jene Rolle spielen, die nach biblischer Tradition einzig von Gott ausgefüllt werden kann. Dieser Gott erscheint in Schneiders Roman freilich wie in der Gnosis als dämonischer Demiurg, der es darauf angelegt hat, Alder zu quälen und letztlich zu vernichten. So trägt denn Alder auch nicht nur die Züge Christi, sondern auch das Antlitz Hiobs. Denn es ist Gott, welcher Alder nicht nur auf zweifelhafte Weise mit seiner Musikalität gesegnet, sondern auch mit seiner von Anfang an zum Scheitern verurteilten Liebe zu seiner Kusine geschlagen und gepeinigt hat.

Nicht der Weltschöpfer, sondern die Liebe in der Gestalt von Alders Liebe zu Elsbeth erscheint in Schneiders

Roman als der wahre Gott. Nicht für den Demiurgen der biblischen Religion, sondern für die hypostasierte Liebe gibt Alder sein Leben zum Opfer hin.

Woran du dein Herz hängst, das ist dein Gott (Martin Luther). Alders wahrer Gott, die Liebe, ist freilich, als er sich für diese opfert, nur mehr eine Idee, eine selbst erzeugte Projektion. Alder wählt nämlich den Tod zu einem Zeitpunkt, da seine Liebe zu Elsbeth eigentlich längst erkaltet ist, und es war derselbe Gott, der Alder mit dessen Liebe zu Elsbeth schlug, der ihn von dieser zwischenzeitlich geheilt hat. Mit seiner Liebe hat Alder freilich auch jede Hoffnung verloren. So lässt er, weil ein Mensch ohne Hoffnung nicht leben kann, das Bild seiner Liebe zu Elsbeth noch einmal erstehen, obwohl er weiß, dass es sich bei dieser Hoffnung um eine Chimäre handelt.

Der Schein, Alders Liebe sei vollkommener gewesen als diejenige Christi, trügt also. Denn wenn wir dem Neuen Testament Glauben schenken dürfen, starb Christus aus wirklich empfundener Liebe zu den Menschen wie zu Gott. Alder dagegen stirbt für die Illusion der Liebe.

Unbeschadet seiner anverwandelten altertümlichen Sprache behandelt Schneiders Roman ein spezifisches Thema der Moderne. Sein Protagonist Alder steht beispielhaft für unsere heutige Gesellschaft, welche die Liebe zu ihrer nachchristlichen Privatreligion erkoren hat. Wie für Alder, der sich von Gott abgewandt hat, ist Menschen im nachchristlichen Zeitalter die irdische Liebe zur illusionären „Nachreligion" (Ulrich Beck) geworden.

Wenn wir die Lebensgeschichte Jesu nachbuchstabieren, um von ihr her zu begreifen, was Liebe ist, erscheint die Trias von Liebe, Schlaf und Tod in einem anderen Licht als für Schneiders Romanhelden Alder. Dann muss auch bezweifelt werden, dass nicht schlafen darf, wer liebt. Es gibt ja schon zu denken, dass Alders Spiritus Rector, der Schauprediger Corvinius Feldau von Feldberg, in Wahrheit ein Scharlatan ist. Seine Predigt ist Lüge, seine dionysische Lebensweise zuchtlos, das genaue Gegenteil wirklicher Liebe, nach der Alder sich sehnt.

Für Christus bilden Liebe und Schlaf keinen Gegensatz. Bei ihm kann der Schlaf vielmehr als vollkommener Ausdruck von Glaube, Liebe und Hoffnung verstanden werden. Der Glaube im Sinne Christi nämlich ist davon befreit, sein zu müssen wie Gott. Wer den Schlaf verweigert, begreift den Menschen ausschließlich als handelndes Wesen, das sich selbst setzt. Er verleugnet den Umstand, dass der Mensch sich niemals selbst erschaffen und erhalten kann, sondern sich immer schon gegeben ist. „Was hast du", gibt Paulus zu bedenken, „das du nicht empfangen hast?" (1. Korinther 4,7). Den Seinen aber gibt es der Herr nicht nur im Wachen, sondern auch im Schlaf (Psalm 127,2). Der Glaubende legt sich getrost schlafen in dem Bewusstsein, dass es umsonst ist, kein Auge zuzutun und sein Brot mit Sorgen zu essen, wie es auch umsonst ist, des Nachts die Stadt zu bewachen, wenn der Herr sie nicht behütet (Psalm 127,1f). In der Bereitung zum Schlafen wie zum Sterben kann der Glaubende beten: „Ich liege und schlafe ganz mit Frieden; denn allein du, Herr, hilfst mir, dass ich sicher wohne" (Psalm 4,9).

Eben darum ist der im Boot schlafende Christus das Urbild und Vorbild des Glaubens. Nicht weil er schwach in der Liebe wäre, sondern weil sein Vertrauen auf Gott grenzenlos ist, vermag Christus mitten im Sturm zu schlafen, wissend, dass weder Unwetter noch Schlaf noch des Schlafes Bruder, der Tod, uns scheiden können von der Liebe Gottes. So stirbt Christus auch nach der lukanischen Darstellung seiner Kreuzigung mit den Worten eines alttestamentlichen Abendgebetes: „In deine Hände befehle ich meinen Geist" (Psalm 31,6).

Gerade der im Vertrauen auf Gott eingeschlafene Christus ist das Fleisch gewordene Wort des Hüters Israels, der selbst nicht schläft noch schlummert. Der Sohn vertraut dem Vater und darf darum getrost schlafen. Der Sinn der Geschichte von der Stillung des Sturmes wird dagegen von jener alten Auslegung verfehlt, welche unter Rückgriff auf die altkirchliche Zwei-Naturen-Lehre allen Ernstes behauptet hat, lediglich die menschliche Natur Christi habe im Boot geschlafen, die göttliche dagegen sei ständig wach gewesen.

Diese Deutung droht das Göttliche und Menschliche in Christus auseinanderzureißen oder den Anschein zu erwecken, als habe Christus gewissermaßen nur mit einem Auge geschlafen. Hinter einer solchen Interpretation aber steht im Grunde dieselbe unbiblische Logik wie hinter der Predigt des Scharlatans Feldau von Feldberg, wonach nicht liebt, wer schläft.

Wer wahrhaft liebt, darf gleichwohl schlafen, hört doch auch im Schlaf die Liebe niemals auf. Die Liebe ist nämlich nicht, wie Alder unterstellt, primär ein Tun, sondern ein Sein, das in Gott seinen Grund hat. Wodurch aber die Brücke zwischen dem Tun der Liebe und dem Schlaf geschlagen wird, das ist das Gebet. Im Gebet, namentlich in der Fürbitte, in welcher der Ermüdende sich selbst wie diejenigen, die er liebt, der Obhut Gottes anvertraut, nehmen sowohl der Glaube als auch die zwischenmenschliche Liebe in ausgezeichneter Weise sprachliche Gestalt an. Das Gebet anerkennt und transzendiert zugleich die Grenzen unserer menschlichen Kräfte. Und gerade so ist es Ausdruck einer zu sich selbst gelangten wahren Humanität. Schneiders Romanheld Alder hat dagegen die Verheißung, wonach das Sein der Liebe niemals aufhört, in einen unmenschlichen moralischen Appell verkehrt. Solche Perversion der Verheißung aber ist die Signatur unserer Zeit.

Urbild und Vorbild der Liebe und Schlaf verbindenden Fürbitte ist abermals Christus, der nach der Darstellung des Johannesevangeliums (Johannes 17) seine Jünger Gott im Gebet anvertraut, bevor er die Welt verlassen muss. Den Tod vor Augen, bittet Christus, dass Gott seine Jünger bewahren möge, wie auch darum, dass die Liebe, mit der Gott ihn liebt, in seinen Jüngern bleibe und Christus in ihnen.

Nicht weil unsere menschliche Kraft zur Liebe niemals nachlässt, sondern weil die Liebe Gottes nimmer aufhört, ist Liebe stark wie der Tod. So verleihe uns Gott eine ruhige Nacht und ein seliges Ende.

Gelingendes Leben – misslungenes Leben?

Finden Sie eigentlich, dass Ihr bisheriges Leben gelungen ist? Nein? Lassen Sie sich so etwas nicht einreden.

„Ein gelingendes Leben", so habe ich auf der Homepage eines Lebensberaters gelesen, „ist ein Leben, in dem sich der innere Wunsch und Drang zur Selbstverwirklichung entfalten kann." Dazu gehört, wie ein anderer Therapeut erklärt, auch die „Sehnsucht nach einer allerletzten Zugehörigkeit und Geborgenheit, nach einem letzten Halt und Sinn in einem Urgrund des Lebens, in einer Liebe, die uns nicht enttäuschen kann". Diesen Urgrund finde allein der religiöse Mensch.

Die Rede vom gelingenden Leben gehört heute auch zum kirchlichen Jargon. Ob in Predigten oder in der Bildungsarbeit, überall verspricht man uns Hilfe bei der Suche nach einem gelingenden Leben. Kaum jemand stellt ernsthaft die Frage, ob diese Idee tatsächlich so biblisch und christlich ist, wie immer behauptet wird.

Eine erfreuliche Ausnahme bildet die evangelische Theologin Gunda Schneider-Flume. Sie warnt vor der „Tyrannei des gelingenden Lebens" und schreibt:

„Lässt man die Rede vom gelingenden Leben gelten, dann stellen sich dringend und bedrohlich die Fragen: Was ist mit Leben, von dem – wer auch immer – meint, es ‚gelinge nicht' oder sei ‚misslungen'? Wer hat gegenüber dem Leben das Recht, das zu beurteilen? Wer kann und darf die Vorhersage treffen: ‚Dieses Leben wird nicht gelingen'?"

Nicht dass es im Leben kein Gelingen geben kann oder darf. Aber unsere Fähigkeit, Talente zu entwickeln und Pläne erfolgreich zu verwirklichen, berechtigt nicht dazu, das Leben selbst als ganzes unter das Urteil des Gelingens oder Misslingens zu stellen. Dadurch gerät das Leben unter einen ganz und gar unchristlichen Zwang zur Vollkommenheit. Gemessen an heutigen Vorstellungen von einem gelingenden Leben muss man sagen, dass das Leben Jesu von Nazareth gründlich misslungen war. Aber Gott urteilt eben nach anderen Maßstäben als wir. Er akzeptiert uns mit unseren gebrochenen Biographien und inneren Widersprüchen.

Die Idee des gelingenden Lebens hat dagegen etwas mit dem neuzeitlichen Erziehungswahn zu tun, der Menschen nach einem ganz bestimmten Bild formen will. Schulaufgaben gelingen – oder eben nicht und müssen noch einmal gemacht werden. Wie wichtig ist doch gerade am Beginn der Schulferien die Einsicht, dass ein Fünfer nichts über den Wert eines Menschen und den Sinn seines Lebens aussagt. Das Leben ist keine Schularbeit. Und Glück ist keine Leistung, die man sich zu erarbeiten hätte.

Nach anderer Lesart ist das Leben eine Kunst, das eigene Leben ein Kunstwerk und Selbstverwirklichung gewissermaßen eine künstlerische Leistung. Nichts ist schlimmer, als beständig um sich selbst zu kreisen. Das, was dem Leben Sinn gibt, kann man nicht selbst herstellen oder verwirklichen: Liebe, Zuwendung, Erbarmen.

Die Theologin Gunda Schneider-Flume schreibt: „Die Vorstellung von Leben unter dem Vorbehalt des Gelingens […] verkennt, dass Leben ein Phänomen der Fülle, des Überflusses, des Surplus, der Gnade ist, gut von Anfang an, nicht unter der Bedingung ‚wenn – dann', sondern kostbares Gut, das Freude provoziert."

Im Leben müssen wir keine Künstler sein, die sich selbst ständig neu erfinden, sondern dürfen Dilettanten bleiben. Ein Dilettant ist, wörtlich übersetzt, jemand, der sich an einer Sache erfreut. Er malt oder musiziert aus Spaß an der Freude. Genauso dürfen wir uns über das kostbare Geschenk unseres Lebens freuen. Und das nicht nur zur Ferienzeit.

Das Recht auf Faulheit

Arbeit für alle: Diese politische Forderung klingt zunehmend hohl. Zumindest bezahlte Arbeit, mit der man den eigenen Lebensunterhalt bestreiten kann, ist ein knappes Gut. Neben neuen Modellen der Arbeitsverteilung stehen auch ein arbeitsunabhängiges Grundeinkommen oder eine Grundsicherung zur Diskussion. Dass Arbeit nicht einfach mit Erwerbsarbeit gleichzusetzen ist, dass also auch Erziehungszeiten und ehrenamtliche Tätigkeiten als Arbeit wertzuschätzen sind, wird inzwischen ebenfalls akzeptiert.

Sollten wir aber nicht das vorherrschende Arbeitsethos viel grundsätzlicher überdenken? Grundeinkommen für alle: Rasch regt sich Unbehagen. Wollen sich da Menschen in der sozialen Hängematte ausruhen? „Nur wer arbeitet, soll auch essen“, mahnte einmal der frühere deutsche Arbeitsminister Müntefehring. Wie war das noch in der Bergpredigt mit den Vögeln unter dem Himmel und den Lilien auf dem Felde, die nicht arbeiten und doch von ihrem Schöpfer ernährt werden?

Es ist eine Ironie der Geschichte, dass ausgerechnet der Schwiegersohn von Karl Marx, Paul Lafargue, nicht etwa das Recht auf Arbeit, sondern das Recht auf Faulheit eingeklagt hat. Die Forderung nach dem Recht auf Arbeit sei in Wahrheit Verrat an der Arbeiterklasse, weil dadurch nur eine unmenschliche Arbeitswut gerechtfertigt würde. Der Mensch verwirkliche sich in der Muße, und der Arbeit bedürfe man lediglich als Würze der Faulheit.

Starker Tobak? Nach biblischer Tradition lebt der Mensch nicht vom Brot und nicht von der Arbeit allein. Das verdeutlichen der jüdische Sabbat wie der christliche Sonntag. Gerade im Recht auf Freiheit von der Arbeit kommt die Würde des Menschen nach biblischem Verständnis zum Ausdruck. In biblischer Perspektive ist Freizeit mehr als die bloße Ruhepause, die zur Regeneration der Arbeitskraft dient. Die freie Zeit, welche dem Menschen eingeräumt wird, hat ihren eigenen Wert. Doch wie ist sie sinnvoll und der Würde des Menschen gemäß zu nutzen?

Wer mit sich und seiner freien Zeit nichts anzufangen weiß, erfährt sie nicht als Segen, sondern als Fluch. Gerade Menschen, die ungewollt arbeitslos sind, brauchen Hilfe, um ihre Zeit sinnvoll zu gestalten, statt sie einfach totzuschlagen. Auch das ist eine Frage der sozialen Gerechtigkeit.

Wir brauchen eine Ethik der Freizeit und der Muße. Die heute übliche Freizeitgestaltung hat nur sehr bedingt etwas mit Muße zu tun. Zum einen arbeiten viele noch in ihrer Freizeit. Zum anderen sind Freizeit und Urlaub ein wichtiger Wirtschaftsfaktor. Und schließlich trägt das individuelle Freizeitverhalten nicht selten Züge der Arbeit. Der Leistungs- und Konkurrenzdruck am Arbeitsplatz findet in strapaziösen Freizeitaktivitäten seine nahtlose Fortsetzung.

Lebenssinn und Selbstwert hängen weder im Beruf noch in der Freizeit allein am Tätigsein, sondern an der Erfahrung der Güte Gottes. „Was hast du, das du nicht empfangen hast?“ (1. Korinther 4,7) Die Würde jedes

Menschen und das Recht auf Leben bestehen unabhängig von allen Leistungen. Arbeit ist bestenfalls das halbe Leben.

Verdanktes Leben

Was mich an dem Theologen Dietrich Bonhoeffer immer wieder aufs Neue beeindruckt, ist die Art und Weise, in der er die Fragmenthaftigkeit seines Lebens aus seinem Glauben heraus bejaht hat und sich in tiefe Dankbarkeit eingeübt hat. Dankbarkeit galt ihm auch als entscheidende Grundlage jeder christlichen Ethik. In einem Brief an seinen Freund Eberhard Bethge schrieb Bonhoeffer im November 1943:

„In den vergangenen Monaten habe ich wie noch nie erfahren, dass ich alles, was ich hier an Erleichterungen und Hilfe bekomme, nicht mir selbst, sondern anderen Menschen verdanke. Ich habe früher gelegentlich empfunden, dass Du unter der Tatsache, dass auch Du viel in Deinem Leben anderen Menschen verdankst, etwas leidest. Aber das ist eben ganz verkehrt. Der Wunsch, alles durch sich selbst sein zu wollen, ist ein falscher Stolz. Auch was man anderen verdankt, gehört eben zu einem und ist ein Stück des eigenen Lebens, und das Ausrechnenwollen, was man sich selbst ‚verdient' hat und was man anderen verdankt, ist sicher nicht christlich und im Übrigen ein aussichtsloses Unternehmen. Man ist eben mit dem, was man selbst ist und was man empfängt, ein Ganzes."

Niemand ist eine Insel. Autonomie und Selbstbestimmtheit dürfen nicht mit Autarkie und völliger Unabhängigkeit verwechselt werden. Vielmehr zeichnet unser Leben von Beginn an eine chronische Bedürftigkeit und eine unendliche Angewiesenheit aus.

Zum Menschsein gehört eine eigentümliche Grundpassivität. Sie zeigt sich nicht nur in Geburt und Tod, im Leiden, in unserer Hilfsbedürftigkeit und Verletzlichkeit, sondern vor allem in der Liebe und im Verzeihen. Das Entscheidende kann der Mensch sich selbst nicht geben: Liebe und Vergebung. Sie kann er nur als Geschenk bzw. als Gnade empfangen. Darum konnte der dänische Philosoph Søren Kierkegaard einmal sagen: „Gottes bedürfen ist die höchste Vollkommenheit."

Der christliche Glaube kultiviert die Erfahrung und das Bewusstsein unserer Empfänglichkeit. „Was hast du, das du nicht empfangen hast?", erinnert Paulus seine Leser im 1. Korintherbrief (4,7). Und Paulus ist es auch, der von der Erfahrung spricht, dass die Kraft Gottes in den Schwachen mächtig ist und nichts uns von der Liebe Gottes scheiden kann. Darin besteht, wenn man so will, die Umwertung der Werte im Christentum.

Diese Einsicht kann uns zum Beispiel bei unserem Umgang mit Krankheit und Pflegebedürftigkeit helfen. Ein abstrakter Begriff von Patientenautonomie verwechselt Selbstbestimmung leicht mit gänzlicher Unabhängigkeit. Gehört Krankheit zum Leben dazu, ist jedoch nicht abstrakte Autonomie, sondern Souveränität das angemessene Persönlichkeitsideal. Der Philosoph Gernot Böhme und seine Frau, die Soziologin Farideh Akashe-Böhme, schreiben: „Ein Mensch ist souverän, wenn er mit sich etwas geschehen lassen und Abhängigkeiten hinnehmen kann."

Dieser Gedanke berührt sich mit wesentlichen Einsichten Bonhoeffers und eines christlichen Verständnisses von Menschenwürde, die auch Schwerstkranke und Menschen mit Behinderungen nicht verlieren können.

Bonhoeffer wollte, wie er einmal schrieb, kein Heiliger werden, sondern glauben lernen. Glauben lernen bedeutet nicht nur, für Gott oder irgendeine Form der Transzendenz, sondern auch für die Welt um uns herum und für unsere Mitmenschen besonders empfänglich und aufmerksam zu werden. Der Empfänglichkeit aber entspricht die Dankbarkeit. Und so verstehe ich den christlichen Glauben: als Schule meiner Empfänglichkeit und als Einübung in die Dankbarkeit.

Kinder an die Macht!?

„Kinder an die Macht!“ heißt ein bekannter Titel von Herbert Grönemeyer. Der Song beschwört die kindliche Unschuld, die Hoffnung auf eine bessere Welt verspricht:

„die armeen aus gummibärchen
die panzer aus marzipan
kriege werden aufgegessen kindlich genial
es gibt kein gut, es gibt kein böse
es gibt kein schwarz, es gibt kein weiß
es gibt zahnlücken
statt zu unterdrücken
gibt's erdbeereis auf lebenszeit
immer für 'ne überraschung gut

gebt den kindern das kommando
sie berechnen nicht, was sie tun
die welt gehört in kinderhände
dem trübsinn ein ende,
wir werden in grund und boden gelacht
kinder an die macht“

Ist es das, was Jesus im Sinn hat, als er die Kinder in Schutz nimmt, die im Jerusalemer Tempel „Hosianna dem Sohne Davids“ skandieren, nachdem er die Händler und Geldwechsler verjagt hat (Matthäus 21,12-17)? Schon früher einmal hat er Gott dafür gepriesen, dass er den Anbruch der Gottesherrschaft den Weisen und Klugen verborgen und stattdessen den Unmündigen offenbart hat (Matthäus 11,25). Die Kinder, die seine Jünger von ihm fernhalten wollten, hatte er gesegnet (Matthäus 19,13-15). Bei anderer Gelegenheit stellte er ein Kind in die Mitte seiner Zuhörer und sagte: „Wenn ihr nicht umkehrt und werdet wie die Kinder, so werdet ihr nicht ins Himmelreich kommen“ (Matthäus 18,3).

„sie sind die wahren anarchisten
lieben das chaos, räumen ab
kennen keine rechte, keine pflichten
ungebeugte kraft, massenhaft ungestümer stolz“

singt Herbert Grönemeyer. Ist es das, was Jesus meint?

Immerhin hat er selbst gerade „abgeräumt“. Als er im Tempel die Geldwechsler und Händler sieht, packt ihn die Wut – oder sagen wir besser: heiliger Zorn. Mit den Worten: „Es steht geschrieben: Mein Haus soll ein Bethaus heißen, ihr aber macht eine Räuberhöhle daraus“, stößt er ihre Tische um und jagt sie hinaus (Matthäus 21,13). Und nun: Gebt den Kindern das Kommando! Klingt das nicht reichlich naiv oder pubertär?

Haben wir uns Jesus wie einen Popstar vorzustellen, der die Jugend anzieht, mit spektakulären Auftritten die Öffentlichkeit schockiert und die Mächtigen in Politik, Wirtschaft und Religion angreift? Ist sein Auftritt im Tempel eine Art von anarchischem Happening?

Nachdem Jesus die Geschäftsleute vertrieben hat, setzt er noch eins drauf. Es kommen nämlich Blinde und Lahme zu ihm, die im Tempel eigentlich nichts verloren hatten. Sie waren nach den geltenden religiösen Regeln von der Tempelgemeinde ausgeschlossen, weil sie als unrein, vielleicht auch als von Gott für ihre Sünden gestraft galten. Jesus hindert sie nicht, den Tempel zu betreten, sondern wendet sich ihnen zu und heilt sie.

Die Botschaft ist klar: Die bisher geltenden Spielregeln sind außer Kraft gesetzt, religiöse Tabus werden gebrochen. Es gibt keine Ausgrenzung mehr. Diejenigen, die mit Gott und Religion Geschäfte machen wollen, werden davongejagt. Und Gott handelt nach anderen Regeln als die Glaubenshüter meinen. Er lädt alle zu sich, die Mühseligen und Beladenen. Gott verbarrikadiert sich nicht hinter Tempelfassaden und Kirchenmauern, er schirmt sich nicht von der heillosen Welt ab, in der Menschen im Elend leben, von Krankheit gezeichnet, mit Schuld beladen sind. Er wendet sich gerade ihnen zu, so dass weder Krankheit noch Tod, weder Schuld noch Armut von der Liebe Gottes zu scheiden vermögen.

Insofern vollzieht Jesus allerdings einen Umsturz, eine Umwertung aller Werte. Wer in der Welt etwas gilt, gilt darum noch lange nichts bei Gott. Er stürzt die Mächtigen vom Thron und macht hoch, was niedrig ist.

Das betrifft konkret auch die Kinder und die Frauen, die in der Gesellschaft zur Zeit Jesu eine mindere Stellung hatten. Frauen, die nach damaligem jüdischen Recht nicht einmal als Zeugen vor Gericht aussagen konnten, sind die ersten Zeuginnen der Auferstehung Jesu. Und unmündigen Kindern steht das Reich Gottes offen. Ihr Wort und ihr Gotteslob gelten genauso viel wie das Wort der Erwachsenen. Ihr Kindergeschrei und ihr fröhlicher Gesang zählen mehr als gelehrte theologische Bücher und geschliffene Predigten.

Als jugendlicher Protest oder als Jugendkult des „Forever young“ lässt sich das Treiben, das Jesus veranstaltet oder zumindest zulässt, nicht abtun. Recht verstanden ist seine Botschaft das genaue Gegenteil des heutigen Jugendwahns.

Der heutige Jugendkult, dem sich auch noch Menschen in fortgeschrittenem Alter unterwerfen, läuft ja gerade auf die Abwertung und Ausgrenzung derer hinaus, die nicht zum heutigen Schönheitsideal passen, die nicht so sportlich, fit und up to date sind.

Unsere Gesellschaft fürchtet sich vor Überalterung. Es gibt in unserer Gesellschaft bereits eine neue Form der Diskriminierung, „Ageism“ genannt. Darunter versteht man Vorurteile, die sich gegen alte und gebrechliche Menschen richten. Sie äußern sich als Schwierigkeit, sich in die Lage alter Menschen hineinzuversetzen, als gesellschaftlich tabuisierte, gleichwohl vorhandene Aversion oder sogar Aggression gegen alte Menschen und schließlich als unrealistische, da einseitig negative Wahrnehmung des Altwerdens.

Nun gibt es ja die neue Generation der „jungen Alten“, die von der Werbung und der Tourismusbranche heftig umworben wird. So erfreulich es ist, wenn Menschen länger leben und bis ins hohe Alter ein aktives Leben führen können, so kritisch ist es zu sehen, wenn nun die „jungen Alten“ gegen die „alten Alten“ ausgespielt werden.

Wenn Jesus die Kinder seligpreist, so will er gerade nicht die Jungen gegen die Alten ausspielen, sondern im

Gegenteil zeigen, dass es vor Gott und in seiner Gemeinde zwischen beiden keinen Unterschied in der Wertschätzung gibt. Beide sind sie gleich viel wert. Beide sieht Gott in ihrer Bedürftigkeit.

Und damit komme ich zu einer anderen Paradoxie, an der unsere Gesellschaft heute leidet. Diskriminiert werden ja nicht nur alte, hilfsbedürftige Menschen, sondern auch Kinder, Familien und Alleinerziehende. Familien mit Kindern haben gegenüber Singles oder kinderlosen Paaren immer noch wirtschaftliche Nachteile. Kinder gelten als ein besonderes Armutsrisiko, vor allem für alleinerziehende Frauen. Zwar gelten Jugend und Schönheit als gesellschaftliches Ideal, aber Kinder sind nicht willkommen. Und diejenigen jungen Menschen, die sich heute für Kinder entscheiden, müssen gehörigen Mut, Bereitschaft zum Verzicht und Gottvertrauen aufbringen.

Vor diesem Hintergrund ist Jesu Einstellung zu den Kindern das genaue Gegenteil des Jugendwahns und der modernen Spaßgesellschaft. Dass Jesus ausgerechnet die Kinder seligpreist, lässt sich heute als Ermutigung verstehen, Kinder in dieser Welt willkommen zu heißen und ihnen ein menschenwürdiges Dasein zu ermöglichen. Viele Kinder in der Dritten Welt sind davon weit entfernt. Zigtausende von ihnen überleben nicht einmal das erste Jahr nach ihrer Geburt. Aber auch in unserer Wohlstandsgesellschaft herrscht streckenweise ein kinderfeindliches Klima.

Aus dem Munde der Unmündigen und Säuglinge, zitiert Jesus Psalm 8 in Matthäus 21,16, wird Gott Lob bereitet. Nicht nur fröhlicher Kinderlärm, sondern bereits der erste Schrei nach der Geburt ist solch ein Lobpreis oder eine

Anrufung Gottes. Der Schrei ist die elementarste Form des Gebetes und der Klage. Das Aufjauchzen, Glucksen und Lallen eines Säuglings ist die einfachste Form des Loblieds und der Lebensfreude, die vom Schöpfer und Geber allen Lebens herkommt.

Mit einer naiven Verklärung kindlicher Unschuld hat das ebenso wenig zu tun wie mit einem Kinderglauben, der den Härten und Anfechtungen des Erwachsenenlebens nicht standhält. Jesu Aufforderung an uns, zu werden wie die Kinder, redet nicht einem regressiven und infantilen Glauben das Wort, der sich den lieben Gott als alten Mann mit weißem Bart oder als eine Art Weihnachtsmann vorstellt, der all unsere Wünsche erfüllt.

Die moderne Religionskritik hat durchaus recht: Es gibt eine schädliche Form der Regression, durch die mündige Erwachsene auf die Stufe von Hilfe suchenden Kindern zurückfallen, die umsorgt werden wollen, statt sich der eigenen Verantwortung zu stellen. Schon Franz Overbeck, selbst Theologe und ein Freund des Christentumskritikers Friedrich Nietzsche, äußerte die Ansicht, ein moderner, aufgeklärter Mensch könne kein echter Christ mehr sein, weil wir nicht mehr die Kinder sein könnten, die wir nach Jesu Lehre sein sollten.

Nun kennt die moderne Psychologie aber auch eine Form der Regression, die gerade nicht mit einem Rückfall in kindliche Verhaltensweisen zu verwechseln ist, sondern für unser Ich eine therapeutische Funktion hat. Diese Art der Regression begeht keine Realitätsflucht, sondern dient dem vorübergehenden Rückzug, um sich neu zu besinnen und Kraft zu finden, damit man sich anschließend wieder dem Leben stellen kann. So verstanden war zum Beispiel die Zeit, die Jesus einsam in der Wüste verbrachte, ein Rückzug, wörtlich eine Regression, um sich ganz Gott zu öffnen, sich ihm ganz in die Arme zu werfen und Kraft für die bevorstehende Mission zu bekommen. Nach solch einem Rückzug können auch wir dem Leben und seinen Herausforderungen mit neuer Energie und Kreativität begegnen.

So betrachtet ist zum Beispiel das tägliche Gebet eine Kraftquelle. Und es ist keineswegs infantil, wenn wir Gott in dem Gebet, das Jesus uns gelehrt hat, Vater nennen und um das tägliche Brot bitten. Zu werden wie die Kinder bedeutet, sich vor Gott immer wieder bewusst zu werden, dass unser Leben ein unverdientes Geschenkt ist und dass wir trotz allem Schweren, das es in unserem Leben geben mag, Grund zur Dankbarkeit haben. „Was hast du", schreibt Paulus im 1. Korintherbrief (4,7), „das du nicht empfangen hast?"

Der Mensch lebt nicht vom Brot allein, vielmehr ist er vor allem ein liebesbedürftiges Wesen. Ohne Liebe und Zuwendung können Kinder nicht gedeihen. Ohne Liebe verliert auch das Erwachsenenleben seinen Sinn und sein Ziel. Liebe aber kann man nicht erzwingen und nicht kaufen. Liebe kann man nur empfangen. Nur wer Liebe empfängt, kann seinerseits Liebe schenken. Darin bleiben wir auch als Erwachsene wie die Kinder.

Kinder an die Macht? Wenn wir, wie Herbert Grönemeyer singt, von Kindern in Grund und Boden gelacht werden, findet darin der Lobpreis, den sich Gott aus dem Mund der Unmündigen und Säuglinge bereitet hat, möglicherweise einen Widerhall. Wer mit Kindern herzhaft über die Welt der Erwachsenen lachen kann, ist nicht weit vom Reich Gottes, in dem wir sein werden wie die Träumenden und unser Mund voll Lachen. Aber am Ende heißt es nicht: „Kinder an die Macht“, sondern: „Gott alles in allem“ (1. Korinther 15,28).

Religion der Freiheit

„Wenn es Gott nicht gibt, ist alles erlaubt", schreibt Dostojewski in seinem Roman „Die Brüder Karamasow". Bewirkt die Abkehr von Gott nicht tatsächlich einen ethischen Relativismus, der das sittlich Gute mit dem Nützlichen verwechselt und das Lebensrecht des Schwächeren missachtet? Führt nicht die Leugnung der Existenz Gottes zur Kultur des Todes, vor der insbesondere Papst Johannes Paul II. unermüdlich gewarnt hat?

Ganz im Gegenteil!, behauptet der britische Biologe und bekennende Atheist Richard Dawkins in seinem aktuellen Buch „Der Gotteswahn". Gerade wenn es Gott gibt, ist alles erlaubt, lautet seine These. Für ihn ist Gott eine Wahnvorstellung und Quelle allen Übels auf der Welt. Gott steht für religiösen Fanatismus, für Intoleranz, Unterdrückung und Gewalt. Religion ist für Dawkins das genaue Gegenteil von Aufklärung und Moral. Fanatismus sei nicht etwa bloß eine Perversion von Religion, sondern deren Normalfall.

Religiöse Fanatiker aller Zeiten bieten scheinbar genügend Belege für seine grobschlächtigen Thesen. Der Hinweis auf die Kreuzzüge des Mittelalters, auf Hexenverbrennungen und die Verfolgung von Häretikern gehört ebenso zum Arsenal der Religionskritik wie die Unterdrückung von Frauen im Islam oder die Selbstmordattentate islamistischer Terroristen. Haben nicht die Attentäter des 11. September 2001 geschrieben: „Ihr liebt das Leben, wir lieben den Tod"? Gilt nicht dasselbe in gewisser Weise auch für die frühchristlichen Märtyrer? Propagiert nicht letztlich jede Religion in Wahrheit eine Kultur des Todes?

Natürlich lässt sich leicht die Gegenrechnung aufmachen. Man denke an die segensreiche Arbeit von Diakonie und Caritas oder an Persönlichkeiten wie Albert Schweitzer, Martin Luther King, Mahatma Gandhi oder Mutter Teresa. Letztere hat übrigens mit tiefen Glaubenszweifeln gerungen, die doch wohl das Gegenteil von religiösem Fanatismus sind. Dawkins' wüste Religionskritik und sein militanter Atheismus machen sich die Sache zu einfach. Allerdings bleibt alle Religion zutiefst zweideutig, weil wir Menschen stets versucht sind, Gott für unsere menschlichen Bedürfnisse zu instrumentalisieren.

Ist nun die Religion Hüterin der Moral, oder ist die Moral Hüterin der Religion? Die Frage stellt uns vor eine falsche Alternative. Denn das Phänomen der Moral ist nicht minder zweideutig wie die Religion. Moral steht nicht einfach auf der Gegenseite zum Bösen, sondern kann selbst böse Folgen haben. Sie verführt Menschen zur Selbstgerechtigkeit. Menschen zerbrechen an ihrer Unbarmherzigkeit und Unerbittlichkeit.

Der Soziologe Niklas Luhmann hat erklärt, es sei die Aufgabe der Ethik, vor zuviel Moral zu warnen. Recht verstanden enthält auch das Neue Testament eine moralkritische Botschaft, wie die Geschichte von der Ehebrecherin im Johannesevangelium zeigt. Als man sie zum Tode verurteilen will, sagt Jesus zu den Umstehenden: „Wer unter euch ohne Sünde ist, werfe den ersten Stein" (Johannes 8,7).

In gewisser Hinsicht hat Dawkins durchaus Recht: „Wenn Gott ist, ist alles erlaubt". Christus befreit uns nicht nur von unbarmherziger Moral, sondern auch von einer auf Moral oder kultische Vorschriften reduzierten Religion. „Alles ist erlaubt", schreibt der Apostel Paulus im 1. Korintherbrief. Für ihn haben zum Beispiel religiöse Speisevorschriften und Fastenregeln, die im modernen Gesundheits- und Körperkult fröhliche Urständ' feiern, mit dem Kommen Christi ihre Gültigkeit verloren.

Das Christentum ist die Religion der Freiheit. Die Freiheit des Glaubens ist allerdings das Gegenteil egoistischer Bindungslosigkeit. „Alles ist erlaubt, aber nicht alles nützt", lautet das vollständige Pauluszitat (1. Korinther 6,12). Beim Gebrauch der eigenen Freiheit sollen wir uns fragen, was dem Mitmenschen, dem Guten und dem Frieden dient. So reimt sich Freiheit mit Liebe zusammen. Liebe aber überschreitet die Grenzen jeder Moral.

Zuspruch und Anspruch der Liebe

Warum zwischen Gesetz und Evangelium zu unterscheiden ist

„Wer das Evangelium recht vom Gesetz zu unterscheiden weiß, der danke Gott und darf wissen, dass er ein Theologe ist." Für Martin Luther, von dem dieser Satz stammt, gehört die Unterscheidung zu den Grundeinsichten evangelischen Glaubens. In späterer Zeit hat man in ihr eine Unterscheidungslehre zwischen lutherischer und reformierter Tradition sehen wollen, was aber so nicht stimmt. Im 20. Jahrhundert haben sich an der Unterscheidung von Gesetz und Evangelium positionelle Gegensätze entzündet, die in den lutherischen, reformierten und unierten Kirchen anzutreffen waren.

Allerdings hat die reformatorische Unterscheidung von Gesetz und Evangelium in der Geschichte des Protestantismus keineswegs immer die entscheidende Rolle gespielt, die ihr Luther, aber auch Melanchthon und Calvin zugeschrieben haben. Im ökumenischen Kontext kann der Eindruck entstehen, es handle sich um eine lutherische Sonderlehre, die sich nicht einmal im Luthertum selbst überall in der Weise durchgesetzt hat, wie dies nach Luthers Überzeugung der Fall sein müsste. Fällt es schon schwer, Sinn und Bedeutung der Rechtfertigungslehre in die Lebenswelt von heute zu übersetzen, so scheint es sich vollends bei der Unterscheidung von Gesetz und Evangelium um ein überholtes theologisches Denkmuster zu handeln. Doch der Schein trügt.

Das Christentum gilt als Religion der Liebe, das Liebesgebot als Summe der Predigt Jesu von Nazareth. In dem doppelten Gebot, Gott von ganzem Herzen zu lieben und unseren Nächsten wie uns selbst, hängen nach Matthäus 22,40 „das ganze Gesetz und die Propheten". In der Bergpredigt fordert Jesus überdies, seine Feinde zu lieben, und ruft zur Gewaltlosigkeit auf (Matthäus 5,44). Seine Jünger sollen vollkommen sein wie ihr liebender und barmherziger Vater im Himmel (Matthäus 5,48). Der 1. Johannesbrief bringt die christliche Botschaft auf die knappe Formel: „Gott ist Liebe, und wer in der Liebe bleibt, der bleibt in Gott und Gott in ihm" (1. Johannes 4,16).

Häufig werden diese Sätze so verstanden, als gehe es im Christentum vor allem um Ethik und nicht um irgendwelche Glaubenslehren, um Orthopraxie, nicht um Orthodoxie. Mit den überlieferten Aussagen des Glaubensbekenntnisses tun sich heute viele Menschen, auch solche, die sich zur Kirche halten, schwer. Sie klingen unverständlich. Doch geht es nach verbreiteter Auffassung nach evangelischem Verständnis beim christlichen Glauben gar nicht um das Fürwahrhalten irgendwelcher kirchlichen Dogmen, sondern um ein Grundvertrauen und eine von Liebe bestimmte Lebenspraxis.

Diese Ansicht gehört zum Erbe der europäischen Aufklärung, die in Jesus nicht den Gottmenschen der kirchlichen Tradition, sondern einen Religionsstifter und großen Lehrer einer humanen Moral sah. Die Wurzeln dieses Jesusbildes reichen weit in die Geschichte des Christentums zurück. Die Bergpredigt, bei der es sich nicht um eine historische Predigt Jesu, sondern um eine literarische Bearbeitung des Evangelisten Matthäus handelt, stellt Jesus als zweiten Mose dar. Wie Mose auf dem Berg Sinai verkündet auch der Jesus der Bergpredigt den Willen Gottes, jüdisch gesprochen: seine Tora, das göttliche Gesetz. Die mittelalterliche Tradition hat das Doppelgebot der Liebe – dessen beide Teilgebote ja gar nicht erst von Jesus stammen, sondern bereits im Alten Testament, der Hebräischen Bibel, stehen (5. Mose 6,5; 3. Mose 19,18) – als „neues Gesetz" (lateinisch: nova lex) bezeichnet und sich dafür auf Johannes 13,34 berufen, wo Jesus sagt: „Ein neues Gebot gebe ich euch, dass ihr euch untereinander liebt, wie ich euch geliebt habe" (vgl. auch Johannes 15,12). Dieses neue Gebot, das nach 1. Johannes 2,7-11 und 2. Johannes 5 eigentlich ein ganz altes ist, gilt nun als Summe des Evangeliums. Das Evangelium, wörtlich übersetzt: die gute Nachricht, ist das neue Gebot der Liebe. In diesem Gesetz offenbart sich das Wesen Gottes, das Liebe ist.

Gegen dieses Evangeliumsverständnis hat Luther schärfstens protestiert. Während seiner Zeit als Mönch war ihm aufgegangen, dass dadurch das Evangelium in Wahrheit verdunkelt wird. Das Evangelium ist nicht Forderung, sondern Zuspruch. Es spricht uns die bedingungslose Liebe Gottes zu, bevor wir zur Liebe aufgefordert werden.

Zum Menschsein gehört eine eigentümliche Grundpassivität. Sie zeigt sich nicht nur in Geburt und Tod, im

Leiden, in unserer Hilfsbedürftigkeit und Verletzlichkeit, sondern vor allem in der Liebe und im Verzeihen. Das Entscheidende kann der Mensch sich selbst nicht geben: Liebe, Anerkennung und Vergebung. Sie kann er nur als Geschenk bzw. als Gnade empfangen. Es ist diese Grundpassivität, um derentwillen zwischen Gesetz und Evangelium unbedingt unterschieden werden muss.

Nicht die Forderung, Gott und den Nächsten zu lieben, sondern der Zuspruch der Sündenvergebung ist das Herzstück des Evangeliums und auch der Botschaft Jesu. Beispielhaft wird das an der Geschichte von der Heilung eines Gelähmten im Markusevangelium deutlich, in der Jesus zu dem Gelähmten spricht: „Mein Sohn, deine Sünden sind dir vergeben" (Markus 2,5). Wohl ist das Liebesgebot der Inbegriff der göttlichen Forderung, das heißt des Gesetzes. Aber der Anspruch, den Gott an unser Leben und Handeln richtet, muss vom Zuspruch seiner Liebe und Gnade klar unterschieden werden. Die Gottes- und die Nächstenliebe sind die Frucht des Glaubens und damit die Frucht der göttlichen Liebe in unserem Leben, nicht aber die Bedingung für Gottes Liebe zu uns.

Wo diese Unterscheidung verwischt wird, kommt es zu jenem Moralismus, der heute weit verbreitet ist. Die christliche Botschaft von der Liebe Gottes wird dann zum moralischen Appell verfälscht. Er kann zur radikalen Vision einer neuen Gesellschaft gesteigert oder zur bürgerlichen Moral von Anstand und Tugend ermäßigt werden. In beiden Fällen wird das Christentum gesetzlich.

Gesetz und Evangelium sind nach Luther streng zu unterscheiden, jedoch nicht zu trennen. Wo dies geschieht, wird das Christentum als Inbegriff einer libertinistischen Moral missverstanden, welche die menschliche Selbstbestimmung vom Willen Gottes loslöst. Fälschlicherweise beruft man sich dafür gern auf den Ausspruch des Kirchenvaters Augustin: „Liebe, und dann tue, was du willst".

So radikal die Forderung nach vollkommener Liebe auch ist, so ohnmächtig ist sie, wenn es darum geht, sie durchzusetzen. Für sich genommen teilt sie die Schwäche aller Gesetze, die nur befolgt werden, wenn sie mit Sanktionen bewehrt, das heißt aber mit Zwang verbunden sind. Selbst wenn wir den Sinn von Recht und Moral einsehen, heißt das noch lange nicht, dass wir ihre Forderungen auch tatsächlich befolgen. Dazu bedarf es einer anderen Motivation, die in nichts Geringerem als einem vollständigen Wandel des Herzens besteht.

Die eigentliche Funktion des Gesetzes, der Zehn Gebote und des Doppelgebotes der Liebe, besteht nach Luther darin, dass wir unser Unvermögen und unseren Unwillen erkennen, die radikale göttliche Forderung zu erfüllen. Es soll uns hinführen zum Evangelium, zum Glauben, durch den der Mensch von Grund auf neu und frei wird. Man kann sich das am Aufbau von Luthers Kleinem Katechismus verdeutlichen (der Text steht im Evangelischen Gesangbuch). Im ersten Hauptstück legt Luther die Zehn Gebote aus (Gesetz), im zweiten Hauptstück das Apostolische Glaubensbekenntnis (Evangelium).

Allerdings bleibt der Mensch nach Luthers Auffassung, solange er lebt, ein Gerechtfertigter und ein Sünder zugleich. Daher wird das Gesetz keineswegs überflüssig. Es befähigt zwar nicht von sich aus zu einem Leben nach dem Willen Gottes, aber es hat für das Leben aus Glauben eine orientierende Funktion. Doch nur wer selbst Liebe erfahren hat und von Liebe erfüllt ist, vermag sich und andere zu lieben, wie es Gott von uns fordert.

Durst

„Beck's Bier löscht Männerdurst!" Es sind nicht nur Männer, die großen Durst haben, den zu stillen die Bier- und Spirituosenhersteller versprechen. Und die ihren Durst mit Alkoholika löschen wollen, werden nicht so sehr von körperlichem Durst gepeinigt als vielmehr von einem unstillbaren Lebensdurst, der sie bisweilen auch Einen „über den Durst trinken" lässt, wie man so sagt.

Um diesen Lebensdurst, unser aller ungestilltes Verlangen nach Lebensfülle, kreist ein Gespräch, das Jesus im vierten Kapitel des Johannesevangeliums mit einer Samaritanerin an einem Brunnen mit dem Namen Jakobsbrunnen führt. Es dreht sich um jenes ungestillte Verlangen nach Sinnerfüllung und Befriedigung, das hinter jeder Sucht steht, jedoch ungestillt bleiben muss, solange irgendein Suchtverhalten den eigentlichen Durst und seinen Ursprung eher vedeckt als zutage treten lässt.

Jesus freilich sieht tiefer. Er sagt jener Frau auf den Kopf zu, dass sie unter einem quälenden Durst leidet, der nicht von jenem Wasser gelöscht wird, das sie aus dem Brunnen schöpft. Ihr Durst ist das ungestillte Verlangen nach Liebe. Vergeblich hat sie nach seiner Erfüllung in wechselnden Partnerschaften gesucht. Am Ende ist sie von jeder Männerbeziehung enttäuscht worden, ihr Herz leer geblieben.

Wir alle kennen diesen Durst, den Durst nach Liebe, das Verlangen nach Anerkennung und Bestätigung und Erlebnisreichtum. Und jeder von uns versucht auf seine Weise, die Sehnsucht nach einem erfüllten Leben zu befriedigen. Gewiss kann auch jeder von herben Enttäuschungen berichten, die er oder sie bei dem Versuch erlitten hat, den Lebensdurst zu stillen. Enttäuschungen, die daher rühren, dass wir auf Ersatzlösungen verfallen sind, die den Durst am Ende nur noch größer und quälender werden lassen. Manche flüchten in wechselnde Partnerschaften wie jene Frau am Jakobsbrunnen, andere in Besitzstreben, wiederum andere in Karrieresucht und Arbeitswut, andere verfallen der Drogensucht.

Der ungestillte Lebensdurst wirkt zerstörerisch. Indem wir vergeblich versuchen, unseren brennenden Durst nach Erfüllung und Liebe zu löschen, treiben wir uns und andere in die Zerstörung. Der eine zerstört sich am Ende durch übermäßigen Alkohol- oder Drogenkonsum, der andere schuftet sich zu Tode, ein Dritter geht im Geschäftsleben über Leichen.

Dass unser Lebensdurst die Quelle fortgesetzten Leidens ist, hat Gautama Siddharta, genannt der Erleuchtete, gelehrt. Seine Lehren üben heute auch in unseren Breitengraden auf viele Menschen eine große Faszination aus. Die Kette menschlicher und außermenschlicher Leiden, das Rad der von Buddha angenommenen Wiedergeburten, werde durch den Durst, tanha, die Gier nach Lust, nach Werden und Entwerden in Bewegung gehalten.

Woher aber rührt dieser unstillbare und zerstörerische Lebensdurst? Verstehe ich recht, so ist seine Quelle nach der Lehre Buddhas letztlich ein falsches, nämlich der Welt äußerer Erscheinungen verfallenes Bewusstsein. Der Durst, so lehrte Gautama Buddha, entspringe aus dem Gefühl; dieses aus der Berührung; diese aus unserer Sinneswahrnehmung; diese aus unserem Vorstellungsvermögen und unserem begrifflichen Denken; dieses aus unserem Bewusstsein; dieses aus unserer Subjekt-Objekt-Spaltung; dieses aber aus einem Unwissen. Werde nun das Unwissen überwunden, so werde auch der qualvolle Lebensdurst für immer gestillt, der Kreislauf des Leidens, das immer neues Leiden gebiert, durchbrochen, das Rad des Leidens angehalten.

Wie Buddha weist auch Jesus von Nazareth einen Weg, vom Durst nach Lebensfülle befreit zu werden. Doch während Buddha diesen Durst, die Gier, als Grundtrieb unseres Daseins auflösen und zum Verschwinden bringen will, will Jesus ihn löschen, nicht auslöschen, sondern löschen.

Jesus verspricht der Samaritanerin das Wasser des Lebens, lebendiges Wasser, durch welches ihre unerfüllte Sehnsucht nach Liebe gestillt werde. Ihren Durst hält er also nicht für eine Illusion oder für die Folge des Unwissens. Der im Durst mächtige Wille zu leben wird von Jesus bejaht, weil nach seiner Lehre das Leben selbst in seiner Bedürftigkeit von Gott gewollt und bejaht ist. Selbst noch in seinen Fehlformen und Verirrungen ist der Durst, der Mangel, das leibhaftige Bewusstsein des Lebens als gute Gabe Gottes.

Auch für Jesus selbst gehört der Durst zu seinem Leben. „Mich dürstet“, so bittet er die Samaritanerin um Wasser. „Mich dürstet“ ist eines der letzten Worte des Sterbenden am Kreuz. Jesus am Kreuz – der dürstende Gott!

Jesus lehrt nicht wie Buddha einen edlen achtteiligen Pfad, auf dem sich der Durst am Ende verliert, sondern spricht von der Gabe des lebendigen Wassers, das den Durst nach Leben in Fülle zu stillen vermag. Lebendiges Wasser meint fließendes, quellendes Wasser im Unterschied zu dem Regenwasser, das in Zisternen wie dem Jakobsbrunnen aufgefangen wird. Das lebendige Wasser, von dem Jesus spricht, ist Gott, die Quelle des Lebens, auf die Jesu Offenbarungslehre die Menschen hinweist.

Wer von dieser Quelle trinkt, der lernt allerdings das Wesentliche vom Unwesentlichen zu unterscheiden und durchschaut viele Bedürfnisse – durchaus im Sinne Buddhas – als illusionäre, künstlich geweckt, ablenkend von unserem wahren Selbst. Doch werden wir nach den Worten Jesu paradoxerweise nur dadurch wirklich frei von allen falschen Bindungen und unechten Bedürfnissen, indem wir erkennen, dass unsere Existenz von Gott schlechthin abhängig ist. Wir sollen frei werden, indem an die Stelle falscher Abhängigkeiten das Bewusstsein unserer Abhängigkeit vom Ursprung des Lebens, der Macht des Seins, tritt.

Die Macht des Seins aber, von der wir schlechthin abhängig sind, ist die Macht der Liebe. Sie ist es, die uns selbst noch in allen Täuschungen und Enttäuschungen trägt.

Jesu Worte sind Wasser des Lebens, weil sie uns der Liebe Gottes versichern und zu unserem wahren Selbst finden lassen. Sie ermutigen uns, uns selbst und unser Dasein zu bejahen als bejaht. Wo dies gelingt, ist der Lebensdurst gestillt. „Wer einmal diesen Trunk gekostet hat“, so kommentiert der evangelische Theologe Rudolf Bultmann, „sucht die Erquickung nirgends anders mehr;

seine Not hat ein Ende.“ Er wird die Offenbarungslehre Jesu vielleicht mit Worten preisen, mit denen einmal Antoine de Saint-Exupéry das irdische Wasser gepriesen hat, als er nach einer Notlandung mit seinem Flugzeug nur mit knapper Not dem Tod durch Verdursten entronnen war:

„Wasser, du hast weder Geschmack noch Farbe noch Aroma. Man kann dich nicht beschreiben. Man schmeckt dich, ohne dich zu kennen. Es ist nicht so, dass man dich zum Leben braucht: Du selber bist das Leben! Du durchdringst uns als Labsal, dessen Köstlichkeiten keiner unserer Sinne auszudrücken fähig ist. Durch dich kehren uns alle Kräfte zurück, die wir schon verloren gaben. Dank deiner Segnungen fließen in uns wieder alle bereits versiegten Quellen der Seele. Du bist der köstlichste Besitz dieser Erde […], du schenkst uns ein unbeschreiblich einfaches und großes Glück.“

Sinn und Geschmack fürs Unendliche

Was uns beim Abendmahl geboten wird

Religion, so die berühmte Definition des protestantischen Theologen Friedrich Schleiermacher (1768–1834) in seinen Reden „Über die Religion" (1799), die sich „an die Gebildeten unter ihren Verachtern" wenden, sei „Sinn und Geschmack fürs Unendliche". Nirgendwo wird dies sinnfälliger als im Abendmahl. Hier lässt sich handfest und mit allen Sinnen erfahren, was das Augsburger Bekenntnis von 1530 – eine der lutherischen Bekenntnisschriften – meint, wenn es das Wort Gottes als „leibliches Wort" (Artikel 5) bezeichnet. Das Brot will geschmeckt, zerkaut und geschluckt werden. Der Weingeruch steigt uns in die Nase, wenn wir vom Kelch trinken und uns den guten Tropfen auf der Zunge zergehen lassen, bevor er die Kehle hinunterrinnt und im Körper eine leichte Wärme verbreitet. Wenn ein Sakrament unseren Sinn und Geschmack fürs Unendliche anspricht und schult, dann ist es das Abendmahl.

In vino veritas: Der vergorene Rebsaft ist ein wahrlich geistliches Getränk, sein Alkoholgehalt immerhin noch eine schwache Reminiszenz an ekstatische Erfahrungen des Urchristentums, weshalb – worauf der Praktische Theologe Manfred Josuttis hingewiesen hat – in evangelischen Gebieten der Zusammenhang zwischen dem ersten Abendmahlsgang bei der Konfirmation und dem sich anschließenden säkularen Initiationsritus des ersten gemeinschaftlichen Alkoholgenusses im Familienkreis nicht ganz grundlos ist. Schon deshalb erscheint es mir problematisch, dass der Wein aus der evangelischen Abendmahlsfeier zunehmend verbannt und durch Traubensaft ersetzt wird. Nicht dass es nicht gute Gründe gibt, das Abendmahl gelegentlich auch mit Traubensaft zu feiern. Aber es zeugt von ekstasefeindlichem Rationalismus, wenn ausgerechnet das Abendmahl zur Kampfzone gegen Alkoholmissbrauch erklärt wird.

Sinn und Geschmack fürs Unendliche: Der Mensch lebt nicht vom Brot allein, aber ohne Brot kann er schon gar nicht leben. Brot ist das Grundnahrungsmittel schlechthin und darum zugleich von symbolischer Bedeutung. Es symbolisiert unsere Bedürftigkeit und unseren Hunger, der täglich neu gestillt werden muss. Erst kommt das Fressen, dann die Moral, hat Bertolt Brecht treffend notiert. Fressen und gefressen werden lautet das Grundgesetz allen Lebens, unumstößlich und unbarmherzig.

Sinn und Geschmack fürs Unendliche: Wovon leben wir? Womit stillen wir buchstäblich und im übertragenen Sinne unseren Lebenshunger, der sich zur Gier steigern kann? Woraus schöpfen wir täglich neue Lebenskraft? Jede Abendmahlsfeier, die den Tod Jesu von Nazareth ins Gedächtnis ruft und die Gemeinschaft zwischen uns und dem Gekreuzigten bekräftigen soll, stellt uns diese Frage. Brot und Wein, die wir beim Abendmahl miteinander teilen – und die Kommunikation in beiderlei Gestalt ist ja durchaus auch in katholischen Gemeinden möglich! – geben auf die Frage nach der Quelle und dem Sinn unseres Lebens eine ganz elementare Antwort. Symbolisch verweisen sie auf den Gekreuzigten und Auferstandenen, der von sich im Johannesevangelium (6,35) gesagt hat, er sei das Brot des Lebens. Wie Essen und Trinken ganz buchstäblich Leib und Seele zusammenhalten, so können wir aus dem Glauben an Jesus von Nazareth Kraft für unser Leben schöpfen und in ihm die Grundlage für ein Leben finden, das gerade nicht im buchstäblichen Sinne vom Brot allein lebt und den Teufelskreis des Fressens und Gefressenwerdens durchbricht.

Sinn und Geschmack fürs Unendliche: „Essen und Trinken tut's freilich nicht, sondern die Worte, die da stehen: für euch gegeben und vergossen zur Vergebung der Sünden", so Martin Luther in seinem Kleinen Katechismus von 1529. „Wer diesen Worten glaubt, der hat, was sie sagen und wie sie lauten, nämlich: Vergebung der Sünden." Auch wenn Taufe und Abendmahl nicht auf die Sündenvergebung eingeengt werden dürfen, markiert diese doch das Zentrum beider Sakramente. Es stellt sich darum die Frage, ob der Zuspruch der Sündenvergebung nicht auch ein Kriterium für einen allgemeinen evangelischen Sakramentsbegriff ist. Gemäß diesem Kriterium hat aber auch die Predigt nach evangelischem Verständnis sakramentalen Charakter. Dies verbindet sie mit der Absolution in der Beichte.

Die Betonung der Sündenvergebung mag als Rückfall in die Düsternis erscheinen, welche die evangelische Feier des Abendmahls noch zu meiner Kinderzeit überschattet hat. Damals gingen viele evangelische Gemeindeglieder nur ganz selten zum Abendmahl, schwarz gekleidet, in ernster Stimmung, die von Gedanken an Schuld und Tod, Gottes Zorn und Jesu Lebensopfer geprägt war. Die Abendmahlsbewegung der letzten Jahrzehnte hat demgegenüber den Gedanken erfahrbarer Gemeinschaft sowie der Hoffnung und der Vorfreude auf das Reich Gottes herausgestellt. Bei Großveranstaltungen wie den Kirchentagen herrscht heutzutage eine festliche und auch heitere Stimmung.

Sündenvergebung und Freude passen freilich gut zusammen. Im Abendmahl wird unsere Befreiung von aller Schuld gefeiert, besiegelt und – ja, warum nicht? – begossen. Man soll die Feste feiern, wie sie fallen, solange man weiß, was es hier eigentlich zu feiern gilt. Wenn Schuld und Sünde aus dem Blick geraten, wird das Abendmahl zum religiösen Event verfälscht, dessen Gemeinschaftserlebnis zum Selbstzweck wird. Wie es seinerzeit die ersten Christen in Korinth nötig hatten, sich von Paulus daran erinnern zu lassen, dass die Gemeinde im Abendmahl den Tod Christi verkündigt, so auch wir heute.

Im Abendmahl ist die Gemeinde nicht nur Adressat, sondern auch Subjekt der Verkündigung. Die gemeinschaftliche Feier mit Brot und Wein ist eine Predigt der Gemeinde. Diese Aussage ist theologisch keineswegs selbstverständlich. In der Abwehr des traditionellen römisch-katholischen Sakramentsverständnisses interpretiert die lutherische Theologie die Sakramente einseitig als Wort bzw. Handeln Gottes. Reformierter Tradition entspricht es, die Sakramente gleichzeitig als menschliche Handlungen zu deuten, durch welche der Glaube bezeugt wird. Karl Barth interpretierte die Sakramente einseitig als menschliches Handeln, nämlich als Antwort des Glaubens auf das Evangelium, als Bekenntnis und Anfang des neuen Lebens aus Glauben, d.h. aber als Thema der theologischen Ethik. Die hier vorgeschlagene Interpretation der Sakramente plädiert dafür, sie einer doppelten Betrachtungsweise zu unterziehen. Demnach sind die Sakramente leibliches Wort des Glaubens und zugleich Wort Gottes. So wie etwa die Predigt Wort des Glaubens ist, in, mit und unter dem Gott selbst zur Sprache kommt – wann und wie es Gott gefällt –, so auch die Sakramente.

Allerdings verdient die Sakramentstheologie Luthers darin Zustimmung, dass das Verhältnis von Gotteswort und Menschenwort nicht so zu bestimmen ist, als sei die äußerliche Handlung allein dem Menschen, Gott allein aber das innerliche Geschehen im religiösen Bewusstsein der Beteiligten zuzuschreiben. Es scheint mir aber eine Verengung der Lehre vom Wort Gottes und auch der altkirchlichen Zwei-Naturen-Lehre zu sein, wenn Luther erklärt, sowohl das äußere als auch das innere Handeln bei den Sakramenten solle allein Gott zugeschrieben werden, als sei Gott der Autor, der Mensch lediglich sein Werkzeug, das Werk beider aber ein und dasselbe.

Die traditionelle Sakramentstheologie verkürzt die zu erörternden Probleme auch, wenn im Sinne einer substanzontologischen Zwei-Naturen-Lehre lediglich das Verhältnis von Wort und Element diskutiert und dabei der Aspekt der rituellen Handlung völlig vernachlässigt wird. Die sakramentale Handlung aber muss als das *Zusammensein* von Gott und Mensch bzw. Mensch und Christus begriffen werden. Eben dies erfordert aber eine *trinitarische* Sicht der Sakramente, welche nicht einfach göttliches und menschliches Handeln zusammenfallen lässt, sondern zwischen Christus und dem Geist unterscheidet, ohne sie in platonisierender bzw. spiritualistischer Weise zu trennen.

Über Wesen, Zahl und Gültigkeit der Sakramente herrschen zwischen den Konfessionen nach wie vor Auffassungsunterschiede. Für den evangelischen Glauben liegt das Gewicht wie bei der Predigt auf dem Wort, das bei den Sakramenten gesprochen und verkündigt wird. Der protestantische Theologe Gerhard Ebeling hat die Sakramente als ein Wortgeschehen in Gestalt von Handlungen interpretiert. Die Handlung, welche Gottes Wort vermittelt, kommt bei ihm allerdings nur unter dem Gesichtspunkt des Betroffenwerdens, d.h. der rezeptiven Beteiligung der Teilnehmenden, nicht aber unter dem Aspekt ihrer qualifizierten Mitwirkung in den Blick. Dieser Aspekt ist jedoch gut paulinisch, lesen wir doch in 1. Korinther 11,26: „Sooft ihr von diesem Brot esst und aus dem Kelch trinkt, verkündigt ihr den Tod des Herrn, bis er kommt."

Während Ebeling die Sakramente einseitig als „Empfangshandlungen" definiert, charakterisiert sie der evangelische Theologe Ulrich Kühn meines Erachtens treffender als „geistgewirkte Antworthandlungen aus Glauben, die als solche zum Zeugnis für das Wort Gottes, ja zu seinem Instrument werden." Es handelt sich also bei den Sakramenten um ein *Wort des Glaubens* im doppelten Sinne des Wortes, d.h. als *menschliche Antwort* auf das Evangelium, die ihrerseits zum Wort Gottes werden und im Vollzug des Sakraments als solches vernommen werden kann, so dass es für den einzelnen Teilnehmer nun in der Tat zu einer Empfangshandlung wird.

Ist jedes Wort Gottes, sprachanalytisch betrachtet, ein performativer Sprechakt, der die Struktur der Verheißung, der *promissio* hat, so handelt es sich bei den Sakramenten um Sprachhandlungen mit Verheißungsqualität, die unter einem physischen Handeln, unter symbolischen Gesten vollzogen wird. Hierbei kommen materielle Zeichen – Wasser bei der Taufe, Brot und Wein beim Abendmahl – zum Einsatz, deren symbolische Bedeutung sich aber erst im Kontext der gesamten Handlung erschließt. Gegenüber dem Verkündigungswort besteht die Besonderheit des Sakramentes darin, „ein seiner Struktur nach spezifisch gemeinschaftliches Handeln (aus Glauben)" zu sein, „in welchem Grundsituationen des Einzelnen und der Gemeinschaft zum Ausdruck kommen" (Ulrich Kühn). Wie das gottesdienstliche Bekenntnis haben sie einen spezifisch ekklesialen Charakter: „Sie sind Feiern der glaubenden Gemeinde, die sich zum Gedächtnis, zum Lob und Dank Christi versammelt" (Kühn).

Aus religionswissenschaftlicher Sicht handelt es sich beim Abendmahl um ein Ritual. Soziologisch und sozialpsychologisch betrachtet stellen Rituale soziale Zusammenhänge her, haben Ordnungsfunktion und machen geschichtliche Kontinuitäten bewusst. Sie haben eine emotional und psychologisch stabilisierende und zugleich eine kognitiv entlastende Funktion. Auf symbolische Weise bringen sie ein Gemeinschafts-, Geschichts- und Wertbewusstsein zur Darstellung. Es handelt sich bei ihnen folglich im Sinne Schleiermachers um ein darstellendes Handeln.

Schleiermacher hat in seiner theologischen Ethik zwischen wirksamem und darstellendem Handeln unterschieden. Wie der Gottesdienst insgesamt, so wären demnach auch die Sakramente als ein darstellendes Handeln zu charakterisieren, in dem ein Glaubensgehalt zur symbolischen Darstellung gelangt. Im Abendmahl wird das letzte Mahl Christi mit seinen Jüngern nachgestaltet, wobei das Brechen und der Verzehr des Brotes ebenso wie das gemeinschaftliche Trinken aus dem Kelch den Tod Christi als Heilsgeschehen symbolisieren. Vor allem in der ostkirchlichen Liturgie ist schon die Zubereitung der Elemente eine dramaturgische Inszenierung der Kreuzigung Christi. So kann man sagen, dass es sich bei den Sakramenten nicht nur um symbolische, sondern auch um dramaturgische Handlungen handelt, die einen ritualisierten, d.h. auf Wiederholung angelegten Ablauf besitzen. In den Sakramenten kommunizieren Menschen untereinander in ritueller Form und treten hierbei zugleich in Kommunikation mit Gott.

Die als Sakramente bezeichneten Rituale sind nach christlichem Verständnis freilich nicht nur als *darstellendes* Handeln der *Gemeinde*, sondern als Handeln *Gottes* zugleich als ein *wirksames* Handeln – wir können auch sagen als *real*symbolische Handlungen – zu deuten. In ihnen teilt Gott sich mit und gibt den teilnehmenden Personen Anteil an seiner Gnade. Ontologisch betrachtet handelt es sich um Gottes „mitgeteiltes Sein“: „Ursprüngliches Sein ist Wahrheit; mitgeteiltes ist Gnade“ (Johann Georg Hamann). Dass die Sakramente Mitteilung der Gnade sind und Teilhabe an ihr gewähren, ist jedenfalls die Verheißung, unter der sie stehen. Umgekehrt ist das biblisch bezeugte Vorliegen solch einer Verheißung und eines dementsprechenden Auftrages nach evangelischer Auffassung das Kennzeichen eines Sakramentes und das Kriterium seiner Unterscheidung von sonstigen kirchlichen Handlungen.

Sinn und Geschmack fürs Unendliche: Brot und Wein versinnbildlichen Leib und Blut des Gekreuzigten und Auferstandenen. Unser Essen und Trinken symbolisiert geradezu die Tötung und Vernichtung Christi. Ambivalente Assoziationen von Einverleibung mögen in uns aufsteigen. Das Johannesevangelium (6,51-58) scheut nicht vor dem anstößigen Bild vom Verzehr des Fleisches und Blutes Christi zurück. Freilich darf diese symbolische Aussage nicht dinghaft missverstanden werden. Die Feier des Abendmahls ist eine Verleiblichung des Wortes, durch welches uns die Vergebung unserer Schuld zugesprochen wird. Nicht als solche, sondern sofern wir ihre Botschaft verstehen und glauben, verbinden uns Brot und Wein mit Jesus Christus. Die reformierte Tradition drückt es folgendermaßen aus: So gewiss wir uns Brot und Wein einverleiben, so gewiss lebt Christus in uns, wenn wir an ihn glauben. Im Glauben ist sein Geist in uns, der uns lebendig macht und unser Leben verändert.

Sinn und Geschmack fürs Unendliche: Brot und Wein sind kein magisches Wundermittel, um Unsterblichkeit zu erlangen, sondern ein Symbol, ein Zeichen, das auf den weist, der im Leben und Sterben Gottes Wort in Person war. Jesus von Nazareth hat nicht nur Worte des Lebens *gesprochen* (vgl. Johannes 6,68), Worte, von denen wir zehren können wie von echtem Brot, Worte, die uns zum Leben ermutigen, die uns befreien von Angst und Schuld, Worte der Zuversicht und des Trostes. Sondern Jesus *ist* selbst ein Wort, Gottes Wort in Person. Was von ihm im Neuen Testament erzählt wird, von seinen Taten, seinem Umgang mit den Sündern und Ausgestoßenen, von seinem Tod als Zeichen der grenzenlosen Liebe Gottes zu uns Menschen und von seiner Auferstehung, das ist die eiserne Ration auf unserem Lebensweg, das Manna, von dem wir zehren können, wenn wir im Leben Durststrecken zurücklegen und Wüsten durchqueren müssen, die Wüsten der Angst, des Scheiterns, der Trauer und des Todes, der Anfechtung und Verzweiflung.

Pfingsten

Der Wind weht.
Hörst du sein Sausen?
Pfingsten – eine windige Angelegenheit.

DER WIND BLÄST, WO ER WILL,
UND DU HÖRST SEIN SAUSEN WOHL,
ABER DU WEISST NICHT,
WOHER ER KOMMT UND WOHIN ER FÄHRT.
SO IST JEDER, DER AUS DEM GEIST GEBOREN IST.

Menschen, die sich leicht mitreißen lassen,
sind mir verdächtig.
Wer nicht weiß,
woher er kommt und wohin es ihn treibt,
ist geradezu unberechenbar.

DER WIND BLÄST mir kräftig ins Gesicht.
Ich stemme mich ihm entgegen,
suche nach einem Halt,
klammere mich an meine festen Überzeugungen
und liebgewordenen Lebensgewohnheiten.

DER WIND BLÄST,
UND DU HÖRST SEIN SAUSEN,
ohrenbetäubend:
Man kann sein eigenes Wort nicht mehr verstehen.
Es wird einem vom Mund gerissen.
Dieser Wind raubt mir den Atem.

Es weht ein stürmischer Wind,
schwindelerregend.
Alles wirbelt er durcheinander,
stellt die Welt auf den Kopf,
kehrt das Unterste zuoberst,
wird auch mich erfassen
und dich
UND FÜHREN, WO DU NICHT HINWILLST.

Religionen sind nicht einerlei

Moderner Synkretismus als ökumenische Herausforderung

Im allgemeinen Sprachgebrauch hat das Wort „Synkretismus“ einen negativen Klang. Es steht für Religionsvermischung, um nicht zu sagen Religionsmischmasch. Synkretismus in diesem Sinne gilt insbesondere als Signatur der neuen Religiosität, die seit zwei Jahrzehnten von sich reden macht. Unter der Sammelbezeichnung „Spiritualität“ firmieren die unterschiedlichsten Sinnangebote, von Esoterik über Naturheilverfahren bis zu westlichen Adaptionen des Buddhismus. Auf dem religiösen Markt der Möglichkeiten kann jeder nach seiner Façon selig werden und sich aus Versatzstücken aus unterschiedlichen Religionen seine Privatreligion zurechtzimmern.

Religionswissenschaftlich bezeichnet der Begriff „Synkretismus“ einerseits die bewusste Harmonisierung verschiedener Religionen bzw. einzelner Elemente derselben, andererseits das ungesteuerte organische Zusammenwachsen von Religionen oder religiösen Anschauungen und Praktiken. Speziell die religiöse Welt der Spätantike und des Hellenismus wird in der Religionswissenschaft als synkretistisch bezeichnet. Der Begriff selbst ist alt. Nach Plutarch handelt es sich um ein kretisches Wort, das ursprünglich den Zusammenschluss der normalerweise zerstrittenen kretischen Gemeinden zur Verteidigung gegen einen gemeinsamen Feind bezeichnet habe. Während diese Etymologie unsicher bleibt, scheidet eine andere, ebenfalls griechisch-lateinische Wortdeutung, sicher aus, die „Synkretismus“ von „zusammenwachsen“ ableitet.

Während die Bindung vieler Menschen zu den Kirchen und zur christlichen Tradition abnimmt, steigt europaweit – vor allem aufgrund von Zuwanderung – die Zahl der Menschen, die einer anderen als der christlichen Religion angehören. Die meisten von ihnen sind Muslime. Das Christentum in Europa schwächelt, wogegen der Islam ein neu erwachtes Selbstbewusstsein zeigt. Ähnliches gilt für asiatische Religionen, die auch auf die westliche Welt eine wachsende Faszination ausüben. Selbst auf Kirchentagen wird der Dalai Lama als religiöser Superstar gefeiert.

Eine produktive Auseinandersetzung mit dem Phänomen des Synkretismus ist theologisch schon allein deshalb notwendig, weil schon das Urchristentum, wie der evangelische Bibelwissenschaftler Hermann Gunkel zu Beginn des 20. Jahrhunderts schrieb, eine synkretistische Religion war. Die Geschichte der Entstehung und Ausbreitung des Christentums ist durch Aufnahme und Ausschluss von Elementen aus anderen religiösen Traditionen gekennzeichnet. Ähnliches gilt aber auch schon für die Geschichte des Judentums, in dem das Christentum seine Wurzeln hat. Ohne die lebendige Auseinandersetzung mit anderen Religionen in Anknüpfung und Widerspruch wäre die Missionsgeschichte des Christentums undenkbar gewesen. Jede Weise der Inkulturation des Christentums ist in gewissem Grade eine Form des Synkretismus.

Was frühere Formen eines christlichen Synkretismus

von der heutigen Situation des Christentums unterscheidet, ist der Umstand, dass die Kirchen – jedenfalls die Volkskirchen in Europa – viel von ihrer normierenden Kraft in Glaubensfragen verloren haben. Integration und Abstoßung außerchristlicher Vorstellungen in einen lebendigen christlichen Glauben lassen sich immer weniger durch eine kirchliche Dogmatik normieren, sondern erfolgen auf der Ebene individueller Aneignung und von Prozessen der Selbstbildung. Der Vertrauensverlust der Institution Kirche bedeutet allerdings nicht, dass die Menschen kein Bedürfnis nach Orientierungshilfen in religiösen Fragen haben. Solche Hilfe wird aber nur dann angenommen, wenn sie nicht den Versuch einer dogmatischen Bevormundung macht.

Worin aber besteht das unterscheidend Christliche, das die Kirchen über alle Konfessionsgrenzen hinweg verbindet und von den übrigen Religionen unterscheidet? Was ist das theologische Kriterium für Legitimität und Grenzen des Synkretismus im Christentum? Für Gunkel war dies, wie das obige Zitat belegt, „das Evangelium Jesu". Das Christentum beginnt jedoch damit – und insofern ist Gunkels Alternative zwischen Jesus und Paulus bzw. Johannes schief – dass der Verkündiger Jesus von Nazareth zum Gegenstand des Glaubens und der Verkündigung wurde. Formelhaft lautet das älteste christliche Bekenntnis, dass Gott Jesus von den Toten auferweckt hat.

Im Bekenntnis zur universalen Heilsbedeutung der Person, des Todes und der Auferweckung Jesu von Nazareth, das sich in der Formel verdichtet, dass Jesus der Christus ist, haben wir das Proprium des Christentums vor uns, durch welches es sich von den anderen Religionen unterscheidet. Sofern man freilich das Christusbekenntnis nicht auf bloße Formeln reduzieren will, begegnet es uns wiederum nur in einer Vielzahl von Auslegungen, die immer auch geschichtlich bedingt und kulturell geprägt sind. An alle geschichtlichen und gegenwärtigen Transformationen ist aber das Kriterium anzulegen, ob Christus als letztgültige Heilsoffenbarung die Mitte des Glaubens bleibt oder ob er einem anderen religiösen Heilsereignis oder Prinzip untergeordnet wird. Nur wenn Ersteres der Fall ist, sind synkretistische Prozesse theologisch legitim und können den Horizont des christlichen Glaubens erweitern.

In bestimmter Hinsicht lässt sich auch die moderne ökumenische Bewegung als Erscheinungsform des Synkretismus begreifen. In der multireligiösen Situation einer globalisierten Welt stellen die Kirchen das Gemeinsame über das Trennende. Die ökumenische Bewegung lebt vom Reichtum und der Vielfalt der unterschiedlichen christlichen Traditionen, die sich wechselseitig bereichern und befruchten, aber auch immer wieder neu theologisch zu gemeinsamer Wahrheitssuche herausfordern. Für die einzelnen Konfessionen ist das eine schwierige Gratwanderung. Gegenüber ihrer Umwelt versuchen sie das gemeinsam Christliche herauszustellen. Zugleich sind sie darum bemüht, ihr jeweiliges Profil zu schärfen und gegenüber den übrigen Kirchen ihre Eigenständigkeit zu betonen.

Dass das Christentum heute eine Religion unter Religionen ist, muss theologisch als Herausforderung des Geistes Gottes, welcher der Geist Christi ist, an seine Christen begriffen werden. Die eigentliche, theologisch revelante

Frage lautet, „ob auf dem Wege z.B. über die nichtchristlichen Religionen der dreieine Gott selbst der Christenheit etwas sagen will", so der evangelische Dogmatiker Hans-Martin Barth.

Der Begriff der Ökumene sollte freilich auf die christlichen Konfessionen begrenzt bleiben. Wer eine Ökumene der Religionen behauptet, unterschätzt die zum Teil erheblichen Gegensätze zwischen den Religionen. Selbst dort, wo man Gemeinsamkeiten entdeckt, zum Beispiel im Schöpfungsglauben oder auch zwischen reformatorischer Rechtfertigungslehre und japanischem Amida-Buddhismus, sind bei näherem Hinsehen die Differenzen meist größer als die Gemeinsamkeiten. Die Kammer für Theologie der Evangelischen Kirche in Deutschland hält die Idee einer Ökumene der Religionen auch in praktischer Hinsicht für einen Irrweg. Ihre Stellungnahme „Christlicher Glaube und nichtchristliche Religionen" vom August 2003 gibt zu bedenken, dass auch die Übereinstimmungen und Gemeinsamkeiten in ihrem jeweiligen religiösen Zusammenhang gewürdigt werden müssen und keinesfalls eine hinreichende Basis für die Teilnahme von Christen an der religiösen Praxis einer anderen Religion, z.B. an Opferriten, Ahnenkulten oder sonstigen Ritualen, bieten.

Meines Erachtens zu Recht empfiehlt die Evangelische Kirche in Deutschland auch in der Frage des interreligiösen Gebetes, zum Beispiel mit Muslimen, äußerste Zurückhaltung. In der Handreichung „Zusammenleben mit Muslimen in Deutschland" aus dem Jahr 2000 heißt es dazu: „Die Unterschiede im Gebetsverständnis, die mit dem unterschiedlichen Gottes- und Menschenbild begründet sind, können nicht übergangen, sondern müssen respektiert werden. Weil diese Unterschiede nicht verwischt werden dürfen, haben wir uns zu bescheiden und die Grenzen zu akzeptieren, die es uns verwehren, uns im gemeinsamen Gebet mit Muslimen vor Gott zu vereinen. Doch können wir im Sinne menschlicher Verbundenheit in einer multireligiösen Situation mit innerer Anteilnahme gleichsam nebeneinander beten."

Dass ein und derselbe Gott hinter den verschiedenen, in den unterschiedlichen Religionen erfahrenen Gottheiten oder Offenbarungen des Göttlichen, aus denen einander widersprechende Geltungsansprüche abgeleitet werden, stehen soll, gehört aus christlicher Sicht zur Verborgenheit Gottes. Mag ein Christ um seines Glaubens willen mit der Gegenwart des biblisch bezeugten Gottes auch in anderen Religionen rechnen, so ist doch die Konfrontation mit ihm fremden Glaubensweisen nicht als göttlicher Aufruf zur Relativierung der eigenen Glaubensbindung zu verstehen, sondern als Ansporn, sich des eigenen Glaubens zu vergewissern und diesen umso bewusster zu leben. Christlicher Glaube lebt von der Zuversicht, dass Gottes universaler Heilswille, wie er in Jesus von Nazareth offenbar geworden ist, sich letztlich nicht widersprechen kann und durch Gottes Verborgenheit in der widersprüchlichen Vielfalt der Religionen nicht dementiert werden kann.

Season's Greetings

Weihnachten in der pluralistischen Gesellschaft von heute

Frohe … äh: Was wünscht man heute eigentlich politisch korrekterweise zu Weihnachten? Frohe Weihnachten: Da könnten sich Nichtchristen diskriminiert fühlen.

Atheisten oder religiös Unmusikalische werden sich an der vertrauten Formel vielleicht weniger stören. Schließlich gehört das Fest der Geburt Christi zu unserem kulturellen Erbe. „Geflügelte Jahresendfiguren" haben sich nicht einmal in der DDR richtig durchsetzen können, wo man das Christentum den Menschen von Staats wegen austreiben wollte. Heute haben Engel das ganze Jahr über Konjunktur, nicht nur zur Weihnachtszeit. Engelbücher und Engelglauben sind weit verbreitet, auch außerhalb der christlichen Kirchen. In den USA glauben laut jüngster Umfragen 79 Prozent der Protestanten und Muslime an Engel und Dämonen, bei den Evangelikalen sind es gar 87 Prozent. Noch höher liegen die Werte bei Zeugen Jehovas (95 Prozent) und Mormonen (88 Prozent).

Aber darf ich meinem muslimischen oder jüdischen Mitschüler Frohe Weihnachten wünschen? Darf eine Firmenleitung ihren Kunden und Mitarbeitern Grußkarten mit der Aufschrift „Fröhliche Weihnachten" schicken? Spricht daraus nicht die Überheblichkeit einer vermeintlich noch immer christlich geprägten Leitkultur oder zumindest Gedankenlosigkeit gegenüber Andersgläubigen?

In den zur Weihnachtszeit üblichen Popsongs wird immer noch unbefangen von „Christmas“ gesungen. „Do they know it's Christmas?“, fragten Bob Geldof und Midge Ure in ihrem 1984 von der Band Aid eingespielten Song, mit dem Spenden für die Hungerhilfe in Äthiopien gesammelt wurden. Sicher: Dahinter steckte eine gute Absicht. Aber wenn heute weltweit gesungen wird: „Do they know it's Christmas?“, können das Nichtchristen, gerade auch in Afrika, durchaus in den falschen Hals bekommen – ganz abgesehen davon, wie effektiv die von Geldof seither organisierten Hilfsaktionen tatsächlich waren.

In Popkultur und Werbung ist es üblich, „X-Mas“ statt „Christmas“ zu schreiben. Das kommt cool daher. Aber wer dem Christentum distanziert oder ablehnend gegenübersteht, mag sich dagegen wehren, dass ihm hier ein X für ein U vorgemacht wird. Das „X“ steht eben für das englische „Christ“, also für Christus, dessen Geburt zu Weihnachten gefeiert wird. Im englischen Sprachgewand kommt die christliche Botschaft noch massiver daher als im Wort „Weihnachten“.

Bleibt noch die Formel „Frohe Festtage“. Die kann man jedem wünschen, egal was er an diesen staatlich verordneten Festtagen feiern möchte. Für die, welche keine Christen sind, kann es doch egal sein, was der ursprüngliche Sinn des Festes ist. Schließlich soll man die Feste feiern, wie sie fallen, und selbst unter Christen – oder sagen wir neutraler: unter Kirchenmitgliedern – tritt der dogmatisch korrekte Inhalt des Festes immer stärker in den Hintergrund. Wovon die alten Kirchenlieder singen und sagen, die Menschwerdung Gottes, der in die Niedrigkeit unserer Existenz herabsteigt, um uns von Sünde und Tod zu erlösen, ist doch nur noch ein religiöses Minderheitenprogramm.

In den USA und in Großbritannien ist es inzwischen üblich, Grußkarten mit der Aufschrift „Season's Greetings" zu verschicken. Damit nicht genug, sind sogar schon Prozesse geführt worden, ob es in einer multikulturellen und multireligiösen Gesellschaft überhaupt noch zulässig ist, Postkarten mit der Aufschrift „Merry Christmas" zu versenden. In den USA haben die „American Civil Liberties Union" (ACLU) und die „Americans United for the Separation of Church and State" vielfach erfolgreich gegen Weihnachtslieder, Weihnachtswünsche, Weihnachtskrippen und andere christliche Symbole in staatlichen Schulen und sonstigen staatlichen Einrichtungen prozessiert. Die beiden Bürgerrechtsorganisationen berufen sich auf das Trennungsgebot zwischen Kirche und Staat und auf den Schutz von Muslimen, Juden und anderen Nichtchristen vor staatlich verordneter Weihnacht. Die Forderung nach „political correctness" hat längst zu einer Weihnachtsvermeidungsstrategie geführt, die teilweise absurde Züge annimmt. So wurde der Weihnachtsbaum vor dem Rathaus in manchen amerikanischen Orten zum „Gemeinschaftsbaum" umbenannt. Das Krippenmotiv wird von Weihnachtskarten verbannt, und auch in Schulen und Kindergärten stellt sich das Problem, wie man politisch korrekte Weihnachtsfeiern gestaltet.

In Großbritannien sollte 2006 eine Muslimin im Niqab (verschleiert bis auf die Augen) im privaten Fernsehsender

Channel 4 die Weihnachtsansprache halten, und eine Umfrage ergab, dass 75 Prozent der Betriebe auf Weihnachtsdekoration verzichten würden, um Andersgläubige nicht zu verletzen. (Dass 80 Prozent der Befragten angaben, keine Weihnachtspartys zu veranstalten, weil sie nach dem üblichen Besäufnis Klagen wegen sexueller und anderer Übergriffe fürchteten, ist eine andere Geschichte.)

Anstelle der Geschichte von der Geburt Christi wird Kindern heute das Märchen vom Polarexpress erzählt. Die 2004 mit Tom Hanks als Computeranimation verfilmte Geschichte kreist nicht um die Frage, was es mit Jesus auf sich hat, sondern darum, ob es den Weihnachtsmann gibt. Über diese Frage grübelt ein kleiner Junge am Heiligen Abend in seinem Bett, als er zu seiner Überraschung plötzlich statt des Klanges eines Rentierschlittens Zuggeräusche hört. Ein Schaffner lädt ihn ein, gemeinsam mit vielen anderen Kindern aus aller Herren Länder und Kulturen im Polarexpress die Reise zum Nordpol anzutreten, um dort den Weihnachtsmann zu treffen. Als er schließlich dem Weihnachtsmann persönlich begegnet, überwindet er seine letzten Zweifel und ruft verzückt: „Ich glaube!“. Und von Stund' an hört er das geheimnisvolle Klingen der Glöckchen, mit denen das Geschirr der Rentiere verziert ist, die den Schlitten des Weihnachtsmanns durch die Lüfte ziehen.

Der religiös hoch aufgeladene Film erzählt die Geschichte einer Bekehrung im Stil der biblischen Erzählung vom ungläubigen Thomas, die in Johannes 20,24-31 aufgezeichnet ist. Wenn er nicht mit eigenen Augen die Nägelmale in den Händen des Auferstandenen sehen und mit seinen eigenen

Händen berühren könne, so könne er nicht an die Auferstehung Jesu glauben, erklärte Thomas. Als ihm schließlich der Auferstandene leibhaftig gegenübertritt, antwortet Thomas: „Mein Herr und mein Gott", worauf Jesus entgegnet, nur weil er gesehen habe, glaube Thomas. Selig aber seien, die nicht sehen und doch glauben.

Genau das ist auch die Message des Weihnachtsmärchens vom Polarexpress: selig, die nicht sehen und doch glauben – freilich nicht an Jesus von Nazareth, sondern an den Weihnachtsmann, der im Coca-Cola-Outfit durch die Welt fliegt und die uramerikanischen Werte der Familie und Tugenden wie Ehrlichkeit und Anstand, Freundschaft und Mut predigt.

Inzwischen regt sich in den USA und Großbritannien Protest gegen die Auswüchse der politischen Korrektheit. Er wird vor allem von konservativen religiösen Organisationen getragen. Heißt das, dass er darum falsch ist?

Britische Boulevardzeitungen titelten 2006: „War on Christmas". Der linke „Guardian" recherchierte freilich, dass manche der behaupteten Skurrilitäten von politisch korrektem Weihnachtsverhalten frei erfunden waren. Der Weihnachtskrieg schien eher ein Sturm im Wasserglas zu sein. Erkennbar speist sich der Kulturkampf um das Weihnachtsfest keineswegs aus lauteren christlichen, sondern aus fremden- und pluralismusfeindlichen Motiven.

Fremdenfeindlichkeit und religiöse Intoleranz sind ebenso zu kritisieren wie manche Tendenzen einer Anbiederung an andere Kulturen und Religionen. Wie Weihnachten zu einem Fest ohne Christus zu werden droht, so lässt sich auch eine besorgniserregende Entwicklung hin zu einem Christentum ohne Christus beobachten. Person und Botschaft Jesu drohen ganz aus dem Blickfeld zu verschwinden.

Die Sinnentleerung des Weihnachtsfestes ist aber doch keine Folge von Multikulturalität, Migration oder vermeintlicher islamischer Überfremdung, sondern hat schon lange vorher im Zuge der Säkularisierung eingesetzt. Weit schlimmer als religiöse Indifferenz ist aber doch, dass der Inhalt des Weihnachtsfestes hemmungslos dem Konsum und dem Kommerz geopfert wird. Das aber ist kein Problem erst unserer Tage und weder Muslimen noch anderen Religionen anzulasten. Hier müssen wir uns vielmehr alle an die eigene Nase fassen.

Mitten im Konsumrausch, bei dem viele aufgrund ihres geringen Einkommens und ihrer prekären Beschäftigungs- und Lebensverhältnisse nicht mehr mithalten können, sollten wir uns Martin Luthers Verse aus seinem Lied „Vom Himmel hoch" in Erinnerung rufen:

> Ach Herr, du Schöpfer aller Ding, / wie bist du worden so gering, / dass du da liegst auf dürrem Gras, / davon ein Rind und Esel aß!

> Und wär die Welt vielmal so weit, / von Edelstein und Gold bereit', / so wär sie doch dir viel zu klein, / zu sein ein enges Wiegelein.

> Der Sammet und die Seiden dein, / das ist grob Heu und Windelein, / darauf du König groß und reich / herprangst, als wär's dein Himmelreich.

Das also hat gefallen dir, / die Wahrheit anzuzeigen mir, / wie aller Welt Macht, Ehr und Gut / vor dir nichts gilt, nichts hilft noch tut.

(Evangelisches Gesangbuch, Nr. 25, Strophen 9 bis 12)

Dass alles Geld und alle Macht der Welt vor Gott nichts gilt, ist eine eminent kritische, aber doch eben auch befreiende Botschaft. Sie gibt Anlass zur Freude und zur Hoffnung. Das Kind in der Krippe zeigt uns Gott in seiner Schutzlosigkeit bei den Armen, den Ausgestoßenen, den Mutlosen und den Hoffnungslosen.

Dass das Weihnachtsfest in der pluralistischen Gesellschaft auch zivilreligiöse Bedürfnisse erfüllt, ist soweit akzeptabel, als der biblische Ursprung der mit Weihnachten assoziierten Werte, damit aber auch der Maßstab zu ihrer Kritik, nicht aus dem Blick gerät. Liebe, universaler Friede, Versöhnung und Gerechtigkeit sind zwar schon in der Bibel die Themen, die sich mit der Geburt des Gottessohnes verbinden. Person und Botschaft Jesu stehen freilich gegen ihre politische und ökonomische Instrumentalisierung.

Weihnachten stellt Christen wie Nichtchristen vor die Frage, wie die Welt ohne Jesus aussähe und wer der Mann aus Nazareth heute für uns ist. Im Dezember 1958 erschien in der ZEIT ein Artikel des Publizisten Gerhard Szczesny, eines überzeugten Atheisten, der zu den Mitbegründern der „Humanistischen Union" gehörte. Er schloss mit der Frage: „Was wäre gewonnen, wenn Leben und Zeugnis des Mannes aus Nazareth der Verehrung, dem Verständnis und der Zuneigung der Nicht-Christen für immer entzogen werden könnte? Es wäre nicht nur nichts gewonnen, sondern viel verloren."

Weshalb also soll der wahre Grund verschwiegen werden, weshalb es im weltanschaulich neutralen Staat am 25. und 26. Dezember noch immer zwei staatliche Feiertage mit Lohnfortzahlung für Christen wie für Nichtchristen gibt, für Juden und Muslime ebenso wie für skeptische Agnostiker und für bekennende Atheisten? Warum soll ein Christ den Anders- und Nichtgläubigen nicht wünschen dürfen, dass das Fest, an dem er die Geburt des Gottessohnes feiert, auch für sie eine gesegnete Zeit sei, ohne sie zu seinem eigenen Glauben bekehren zu wollen?

In diesem Sinne nicht: „Season's Greetings", sondern: „Frohe Weihnachten"!

Enthellenisierung des Christentums?

Was uns die Reformation über Vernunft und Glaube zu sagen hat

Das Christentum als „denkender Glaube" (Carl Heinz Ratschow) hat eine begrifflich argumentierende Theologie entwickelt, deren Reflexionskultur und philosophisch geprägte Lehrgestalt sich bis heute von anderen Religionen signifikant unterscheidet. Bei allen bestehenden konfessionellen Unterschieden gibt es im Christentum ein gemeinsames theologisches Erbe, das in starkem Maße durch die Begegnung des jungen christlichen Glaubens mit dem griechischen Denken geprägt wurde.

Was ist angesichts dieser historischen Umstände von der Forderung nach einer Enthellenisierung des Christentums zu halten, die seit dem 19. Jahrhundert diskutiert wird und auch von manchen Spielarten kontextueller Theologien erhoben wird? In seiner Regensburger Vorlesung vom September 2006 hat Papst Benedikt der XVI. diesem Programm eine klare Absage erteilt. Er sieht darin die Aufkündigung des Bündnisses von Vernunft und Glaube, die unweigerlich zum Irrationalismus in der Religion einerseits und zum nihilistischen Materialismus und Werteverfall andererseits führen muss.

Die in seiner Rede geäußerte Kritik am Islam hat dem ehemaligen Theologieprofessor Ratzinger scharfen Protest eingehandelt. Dass sich die eigentliche Stoßrichtung seiner Vorlesung gegen das Erbe der Reformation und den modernen Protestantismus richtete, ging in der öffentlichen Erregung weitgehend unter. Die zum Teil bedenklichen islamischen Reaktionen auf die Rede des Papstes haben vor Augen geführt, wohin Theologie und Kirche geraten, wenn christlicher Freimut im Reden und Denken – das Neue Testament nennt ihn „parresia" – gegen eine interreligiöse „political correctness" und Denkverbote eingetauscht werden. Ironischerweise bleibt in dieser Hinsicht gerade das Erbe der protestantischen liberalen Theologie, mit der Ratzinger ins Gericht geht, vorbildhaft.

Die Beziehungen zwischen Christentum und griechischem Denken sind einigermaßen komplex. Sie beginnen damit, dass das Neue Testament auf Griechisch verfasst worden ist. Dass sich die ersten christlichen Autoren des Griechischen, der lingua franca der Spätantike, bedienten, kann in seiner theologischen Bedeutung ebenso wenig kaum überschätzt werden wie die Tatsache, dass die griechische Version der jüdischen Bibel, die Septuaginta, das Alte Testament der ersten Christen war. Weil Theologie ihrem Wesen nach nichts anderes als konsequente Exegese ist, bleibt sie an die griechische Sprache verwiesen. Die Wurzeln des Christentums liegen freilich nicht im Griechentum, sondern im Judentum und im hebräischen Denken des alttestamentlichen Urtextes.

So ist auch beim griechischen Wortlaut biblischer Texte zwischen biblischem und antikem philosophischen Sprachgebrauch sorgfältig zu unterscheiden, wie überhaupt zwischen den Texten und ihrer späteren Auslegung.

Jede Interpretation ist am Text zu überprüfen und darf sich nicht an seine Stelle setzen. Die fundamentale Bedeutung der griechischen Sprache für Exegese und Theologie darf nicht mit deren Festlegung auf eine bestimmte Form der griechischen Philosophie verwechselt werden. Darin hatte der vom Papst gescholtene protestantische Kirchenhistoriker Adolf von Harnack (1851–1930) völlig Recht, auch wenn man seine Vorstellungen von einem gänzlich undogmatischen Christentum kritisieren mag. Zwar kommt letztlich keine Theologie ohne Ontologie oder Metaphysik aus, aber sie ist deshalb nicht für alle Zeiten an eine einzige gültige Metaphysik gebunden. Schon historisch betrachtet war die von Benedikt XVI. favorisierte Verhältnisbestimmung von Vernunft und Glaube in der Alten Kirche keineswegs das einzige theologische Modell.

Schriftgebundene Theologie hat ein kritisches Verhältnis zu jeder denkbaren Metaphysik. Das zeigt exemplarisch Luthers Verhältnis zu Aristoteles. Bekanntlich hat sich Luther zur aristotelischen Philosophie teilweise recht polemisch geäußert. Allerdings kritisiert Luther in erster Linie die scholastische Aristoteles-*Rezeption*, nicht unbedingt Aristoteles selbst.

Auch nach Luther benötigt die Theologie eine reflektierte Begriffssprache. Doch lehnt er die kritiklose Übernahme philosophischer Begriffe ab. Stattdessen fordert er „nova vocabula" bzw. eine Taufe philosophischer, ontologischer bzw. metaphysischer Termini. Theologie ist bei Luther Theologie des Kreuzes (theologia crucis) im Unterschied zu einer Theologie der Herrlichkeit (theologia gloriae), die von der Metaphysik dominiert wird.

Daher drückt Luther sein theologisches Anliegen in der Weise aus, dass er aristotelische Begriffe zwar aufgreift, sie jedoch verfremdet und gewissermaßen gegen den Strich bürstet.

Dabei werden nicht nur einzelne Begriffe mit neuem Inhalt gefüllt, vielmehr ändert das Denken grundsätzlich seine Richtung. Dieser Vorgang ist zu verstehen nicht etwa als *sacrificium intellectus,* wohl aber als radikale Umkehr auf dem Gebiet des Denkens, d.h. als Vollzug des Rechtfertigungsglaubens im Medium der Vernunft. Während die Philosophie die Erkenntnis als Selbsttätigkeit des erkennenden Subjekts bestimmt, besteht die Erkenntnis der Theologie nach Luther in einem Erleiden (passio). Sie ist ein Widerfahrnis, derart, dass das Subjekt erkennt, wie es von Gott erkannt ist (vgl. 1. Korinther 13,12). Die Subjekt-Objekt-Struktur des Erkenntnisvorgangs wird also umgekehrt. Darin besteht die erkenntnistheoretische Konsequenz der Rechtfertigungslehre und des *sola gratia* (allein aus Gnade).

Luthers Aristoteles-Kritik geht über die Tradition des ockhamistischen Nominalismus, in der er steht, erkennbar hinaus. Sie ist aber keinesfalls als Auflösung der Verbindung von Vernunft und Glaube, sondern als deren Neubestimmung zu verstehen.

Benedikt XVI. zeichnet ein Zerrbild der Reformation und ihres Schriftprinzips. Die vielfältigen, wenngleich kritischen Bezüge reformatorischer Theologie zur griechischen Philosophie werden völlig verkannt. Schon Benedikts Begriff der Enthellenisierung erweist sich als polemische Formel, die das Konstrukt einer neuzeitlichen

Verfallsgeschichte begründet. In ihr führt der Weg von den Reformatoren zu Kant, den der Papst irrtümlich mit den Worten zitiert, er habe das Denken beiseite schaffen müssen, um dem Glauben Platz zu machen. Kant hat jedoch geschrieben, er habe das *Wissen* beiseite schieben müssen, um dem Glauben Platz zu schaffen. Denken und Wissen sind aber zweierlei. Ihre Verwechslung führt bei Ratzinger nicht nur zu einer eklatanten Fehlinterpretation Kants, sondern beruht auch auf einem verengten Vernunftbegriff.

Im Begriff der Vernunft steckt das Wort „vernehmen". Eine vernehmende Vernunft ist stets geschichtlich wie auch das biblisch bezeugte Offenbarungsgeschehen und seine Interpretationen. Zur Geschichtlichkeit der Vernunft gehört ihre Pluralität. Die Idee der einen und zeitlosen Vernunft kann als gescheitert gelten. Statt der einen Vernunft gibt es eine Vielzahl von „Vernünften". Vernunft ist abhängig vom kulturellen Kontext und somit geschichtlich relativ. Gleichwohl gibt es zu ihr als kommunikativem Prinzip der Verständigung keine Alternative. Nicht Irrationalismus ist die Antwort auf die neuzeitliche Krise der Vernunft, sondern ihr kritischer und das heißt der ihrer Endlichkeit und Begrenztheit bewusste Gebrauch.

Die Synthese von Vernunft und Glaube, wie sie Benedikt XVI. favorisiert, ignoriert die grundsätzliche Pluralität menschlicher Vernunft, die sich in unterschiedlichen Formen der Rationalität und des Wissens manifestiert. Benedikts platonisch geprägtes Theologieverständnis meldet einen Geltungsanspruch an, der die Vernunft keineswegs zu ihrer eigenen Wahrheit befreit, sondern in eine neue babylonische Gefangenschaft führt. Bei allem Respekt vor dem Intellekt des Papstes läuft sein theologisches Programm auf den ziemlich schlichten Gedanken hinaus, dass die katholische Kirche definiert, was vernünftig ist und was nicht. Zum Glück ist die Bandbreite unterschiedlicher Verhältnisbestimmungen von Vernunft und Glaube in Geschichte und Gegenwart katholischer Theologie viel größer als Benedikt XVI. suggeriert. Ohne diese wäre es um den Beitrag der katholischen Theologie zum Dialog zwischen Christentum und Moderne wie auch um die Zukunft der christlichen Ökumene schlecht bestellt.

Keine Ökumene im eigentlichen Sinne

Roms Verständnis von Ökumene führt in die Sackgasse

Dass das ökumenische Klima rauer geworden ist, ist bekannt. Die Stolpersteine auf dem Weg zu größerer Annäherung der Kirchen sind schnell aufgezählt: Nach wie vor gibt es kein gemeinsames Abendmahl für Protestanten und Katholiken. Trotz gemeinsamer Erklärung zur Rechtfertigungslehre ist Rom weiterhin nicht bereit, die evangelischen Kirchen als Kirchen anzuerkennen, und auch in der Frage von Ordination und geistlichem Amt tritt man auf der Stelle.

Auch wenn die führenden kirchlichen Repräsentanten beteuern, dass der Prozess der Ökumene unumkehrbar sei und das Verbindende alles Trennende überwiege, ist doch eine neue Bescheidenheit angesagt. Dass elf Kirchen in Deutschland 2007 feierlich die wechselseitige Anerkennung der Taufe bekräftigt haben – neben Katholiken, Protestanten, Methodisten und Anglikanern auch die Orthodoxe Kirche in Deutschland –, gilt schon als Sensation.

Die Schärfung des eigenen Profils ist eine Reaktion auf den religiösen und weltanschaulichen Pluralismus der Gegenwart. Bei aller Betonung des gemeinsam Christlichen ist die Profilierung der eigenen kirchlichen Identität auch dem Bewusstsein einer gewissen Konkurrenz der Konfessionen geschuldet. So stellt sich die Frage nach neuen Konzepten, die der Ökumene neue, aber auch realistische Perspektiven eröffnen. Es mangelt offenkundig an klaren Zielvorstellungen und beflügelnden Visionen.

Verschiedene Zugänge und Sichtweisen können durchaus in einem kritischen Spannungsverhältnis zueinander stehen. Bisweilen sind es ja gerade Gemeinsamkeiten, die trennen, und Unterschiede, die verbinden. Es gibt aber auch fundamentale Differenzen, die auf echte Widersprüche in der Sache hinauslaufen. Mit solchen haben wir es offenbar in der Frage des Kirchen- und Amtsverständnisses zu tun.

Das hat 2007 noch einmal das Schreiben der Glaubenskongregation „Antworten auf Fragen zu einigen Aspekten bezüglich der Lehre über die Kirche“ gezeigt. Darin bekräftigt Rom – mit ausdrücklicher Billigung von Papst Benedikt XVI. – nochmals seine Auffassung, nach welcher den Kirchen der Reformation die apostolische Sukzession im Weihesakrament und damit „ein wesentliches Element des Kircheseins“ fehlt. Daher lautet die Schlussfolgerung: „Die genannten kirchlichen Gemeinschaften, die vor allem wegen des Fehlens des sakramentalen Priestertums die ursprüngliche und vollständige Wirklichkeit des eucharistischen Mysteriums nicht bewahrt haben, können nach katholischer Lehre nicht ‚Kirchen‘ im eigentlichen Sinn genannt werden.“ Die Römisch-katholische Kirche nimmt dagegen für sich ihre vollständige Identität mit der einen Kirche Jesu Christi in Anspruch, die im Glaubensbekenntnis bekannt wird. In diesem Sinne interpretiert das zitierte Schreiben das Wort „subsitit“ aus der dogmatischen Konstitution des 2. Vatikanums „Lumen gentium“. Die Verwendung des Ausdrucks „subsitit“ anstelle von „est“ habe keineswegs zu einer Veränderung der vorkonziliaren Lehre von der Kirche geführt, sondern bringe lediglich „klarer zum Ausdruck“, dass es unbeschadet der Identität der Kirche Christi mit der katholischen Kirche Elemente der Heiligung und der Wahrheit – aber eben nicht mehr – auch außerhalb derselben Kirche gebe.

Sehenden Auges wird die Ökumene von katholischer Seite einmal mehr brüskiert. Kompromittiert werden aber auch viele katholische Theologen und Theologinnen, die Roms negative Sicht der übrigen Kirchen kritisieren und für eine offenere Lesart der Konzilsdokumente eintreten. Unmissverständlich warnt die Glaubenskongregation vor „irrigen Interpretationen“ der reinen Lehre.

Es gab in letzter Zeit verschiedene Vorschläge, das römische Kirchenverständnis in einer Weise zu formulieren, die neue Türen für das Gespräch mit den evangelischen Kirchen öffnen könnten. Denkbar wäre es, die reformatorischen Kirchen als Kirchen eigenen Typs zu bezeichnen. Oder man könnte sagen, die evangelischen Kirchen seien nicht Kirchen im Sinne des von der Glaubenskongregation verwendeten Sprachgebrauchs. Aber nicht einmal zu einer solchen winzigen Selbstrelativierung des eigenen Alleinvertretungs- und Vormachtsanspruchs ist Rom bereit.

Die Aussagen des 2. Vatikanums mochten vor vierzig Jahren einen ökumenischen Aufbruch signalisieren. Dass sie schon 2000 im Dokument „Dominus Iesus“ und nun erneut von der Glaubenskongregation unverändert wiederholt und in einer rückwärtsgewandten Lesart interpretiert werden, zeugt von ökumenischer Borniertheit, die geradezu sektiererische Züge trägt. Eine Ökumene mit Rom, welche die Anerkennung des römischen Primats und die Bindung der Apostolizität der Kirche an die bischöfliche Amtssukzession der katholischen Kirche zur unabdingbaren Voraussetzung erklärt, wird es jedoch niemals geben. Sie existiert nur in der Fantasie katholischer Kirchenführer.

In einem amtlichen Kommentar zum neuen Schreiben räumt die Glaubenskongregation ein: „Der katholische Ökumenismus kann auf den ersten Blick paradox erscheinen." Aber was heißt hier „auf den ersten Blick"? Er ist es grundsätzlich, denn in letzter Konsequenz läuft er auf eine Absage an die Ökumene hinaus. „Splendid isolation" statt „splendor veritatis", wie eine Enzyklika Johannes Pauls II. hieß.

Gegen die katholische Abwertung der evangelischen Kirchen, es handle sich gar nicht um Kirchen „im eigentlichen Sinne" hat der Ratsvorsitzende der EKD, Bischof Wolfgang Huber, gelegentlich den Vergleich ins Feld geführt, jeder Vertreter der Automarke Mercedes-Benz würde es für respektlos halten, wenn VW behaupten wollte, ein Mercedes sei „kein Auto im eigentlichen Sinne". Dass das Ansinnen Roms in aller Klarheit zurückzuweisen ist, das eigene Kirchenverständnis zum alleingültigen zu erklären, steht außer Frage. Das Problem besteht aber doch darin, dass Rom die evangelischen Kirchen, um im Bild zu bleiben, weder für einen Mercedes noch für einen Fiat oder einen Mazda, sondern bestenfalls für eine Seifenkiste oder ein viersitziges Fahrradtaxi hält, das vielleicht wie ein

Auto aussehen und sich sogar fortbewegen mag, aber eben doch „kein Auto im eigentlichen Sinne“ ist.

Ohne Bild gesprochen: Auch die evangelischen Kirchen gestehen keineswegs jeder religiösen Gemeinschaft, die sich als Kirche bezeichnet, zu, nach evangelischem Kirchenverständnis tatsächlich auch Kirche zu sein. Man denke nur an die „Vereinigungskirche“ der Moon-Sekte oder an die „Scientology-Kirche“. Und dass die evangelischen Kirchen die Römisch-katholische Kirche heutzutage als Kirche anzuerkennen bereit sind, obwohl sie sich mit der Fortentwicklung zur Papstkirche seit dem Tridentinischen Konzil und dem I. Vatikanum immer weiter vom evangelischen Kirchenverständnis entfernt hat, versteht sich doch auch nicht von selbst.

Die großen Konfessionen stehen außerdem gemeinsam vor der Herausforderung einer beständig wachsenden Zahl neuer Kirchen, deren Verständnis für die bisherige ökumenische Bewegung sich – gelinde gesagt – in Grenzen hält. Es handelt sich um evangelikale oder charismatische Kirchen, die im weitesten Sinne der protestantischen Tradition zuzurechnen sind. Häufig verbreiten sie jedoch fundamentalistisches Gedankengut und unterhalten zu den so genannten „main churches“, also auch zu den in der Reformationszeit entstandenen lutherischen und reformierten Kirchen, keine ökumenischen Beziehungen.

Eines aber sollte deutlich gesagt werden: Die eigentliche Ökumene beginnt erst dort, wo Kirchen sich als Kirchen im Sinne des gemeinsamen Glaubensbekenntnisses anerkannt haben. Alle anderen Formen des wechselseitigen Respekts, der Zusammenarbeit, aber auch des gemeinsamen Gebets um Einheit sind Schritte auf dem Weg zur echten Ökumene und bilden erst eine Vorstufe derselben. Darum ist z.B. der Ökumenische Rat der Kirchen in Österreich lediglich eine Arbeitsgemeinschaft, aber keine Kirchengemeinschaft.

Frei nach der Formulierung Roms, die aus der Reformation hervorgegangenen Kirchen seien nicht Kirchen im eigentlichen Sinne, muss man bedauerlicherweise feststellen, dass die Ökumene mit Rom noch immer keine Ökumene im eigentlichen Sinne ist.

Deshalb bleiben katholische Christen trotzdem als Gesprächspartner willkommen und werden auch weiterhin in evangelischen Gottesdiensten ganz offiziell zum Abendmahl eingeladen – was dem Papst und katholischen Bischöfen ein Dorn im Auge ist. Diese müssen endlich begreifen, dass die Zukunft der Ökumene nicht von ihnen abhängt. Ob es für die katholische Amtskirche in dieser Zukunft einen Platz gibt, bleibt offen. Die jüngsten Signale aus Rom weisen in eine andere Richtung.

Das Hoffen lernen

Eine ökumenische Adventspredigt

„Wer sind wir? Wo kommen wir her? Wohin gehen wir? Was erwarten wir? Was erwartet uns? Viele fühlen sich nur als verwirrt. Der Boden wankt, sie wissen nicht, warum und von was. Dieser ihr Zustand ist Angst, wird er bestimmter, so ist er Furcht. Einmal zog einer weit hinaus, das Fürchten zu lernen. Das gelang in der eben vergangenen Zeit leichter und näher, diese Kunst ward entsetzlich beherrscht. Doch nun wird, die Urheber dieser Furcht abgerechnet, ein uns gemäßeres Gefühl fällig. Es kommt darauf an, das Hoffen zu lernen."

Mit diesen Sätzen beginnt eines der wichtigsten philosophischen Werke des 20. Jahrhunderts, das „Prinzip Hoffnung" des marxistischen Philosophen Ernst Bloch, geschrieben in der Zeit des Nationalsozialismus und des Zweiten Weltkriegs, durchgesehen und veröffentlicht 1959, also vor fünfzig Jahren.

Hoffnung war das Grundgefühl der sechziger und siebziger Jahre des vergangenen Jahrhunderts, nicht nur in den westlichen Gesellschaften, sondern auch in Theologie und Kirche. 1964 veröffentlichte der evangelische Theologe Jürgen Moltmann seine „Theologie der Hoffnung", eines der meistgelesenen theologischen Bücher seiner Zeit, das in etlichen Auflagen erschienen ist. Der Atheist Bloch war Moltmanns wichtigster philosophischer Gesprächspartner. Von ihm angeregt, ging Moltmann in die Schule der Bibel und ihrer adventlichen Verheißungen, um das Hoffen neu zu lernen.

Zur gleichen Zeit, nämlich von 1962 bis 1965, fand in Rom das Zweite Vatikanische Konzil statt. Mit ihm begann nicht nur der Neuaufbruch in der Römisch-katholischen Kirche, vielmehr verbanden sich mit ihm große ökumenische Hoffnungen, welche die ökumenische Bewegung in den vergangenen Jahrzehnten beflügelt haben.

Freilich haben uns in den vergangenen Jahrzehnten immer auch Krisen und Ängste begleitet, zum Beispiel die Angst vor den Folgen der Umweltzerstörung oder einem Atomkrieg. Doch das Jahr 1989 wurde wieder zu einem Symbol der Hoffnung. Das Ende des Kommunismus und des Ost-West-Konfliktes, die Überwindung der Teilung Europas haben die Menschen mit neuer Hoffnung erfüllt.

Mit dem 11. September 2001 hat sich die Stimmungslage jedoch weltweit jäh verändert. Terror und Krieg wecken neue Ängste. Die Angst geht um vor einem Krieg der Kulturen. Auch hierzulande fühlen viele Menschen ihre persönliche Sicherheit bedroht. Das Misstrauen gegenüber Fremden und gegenüber Andersgläubigen wächst. Auch die sich seit 1989 enorm beschleunigende Globalisierung erfüllt viele Menschen mit Sorge.

Davon unabhängig hat auch die ökumenische Bewegung ihren Schwung merklich verloren. Spannungen und offene Konflikte zwischen den Kirchen lassen auch die Basis nicht unberührt. Von ökumenischer Begeisterung ist namentlich in der jüngeren Generation kaum noch etwas zu spüren.

So haben wir allen Grund, das Hoffen neu zu lernen. Advent ist die Zeit der Einübung in solche Hoffnung. Die Hoffnung, so heißt es, stirbt immer zuletzt. Wer ohne Hoffnung lebt, ist also so gut wie tot. Allerdings gibt es trügerische Hoffnungen, Illusionen, die uns um das Leben betrügen, weil wir darüber, dass wir ihnen nachrennen, die Gegenwart verlieren. Auch die ökumenische Bewegung braucht vielleicht mehr Realismus als sie bisweilen an den Tag gelegt hat. Ein hoffnungsloser Realist wird freilich zum Zyniker, der nach der Maxime lebt: „Nach mir die Sintflut.“ Solcher Zynismus aber zerstört die Menschlichkeit des Menschen, die sich nach biblischem Zeugnis im Dreiklang von Glaube, Liebe und Hoffnung erfüllt.

Hoffnung und Realismus schließen sich nicht aus. Nur eine realistische Hoffnung, welche die Gegebenheiten der Wirklichkeit nicht ausblendet, erweist sich als tragfähig. Nur sie bewahrt den langen Atem und die erforderliche Geduld auf dem steinigen Weg zum Ziel.

Vor allem aber muss die Hoffnung begründet sein, soll sie sich nicht wie eine Fata Morgana verflüchtigen. Woher also beziehen die Hoffnungen, die wir, sei es in unserem persönlichen oder im gesellschaftlichen Leben, sei es in der ökumenischen Bewegung, hegen, ihren Grund? Worin finden sie ihren Halt? Woraus schöpfen wir die Kraft zum Hoffen? Sind unsere Hoffnungen erfüllt von einer begründeten Zuversicht oder von der Verzweiflung, die sich in Traum- und Gegenwelten flüchtet? Selbst fromme Wünsche können schließlich aus der Verzweiflung geboren sein. Und worauf richtet sich unsere Hoffnung, im persönlichen oder politischen Leben ebenso wie im Glauben und in der Ökumene?

Mit all diesen Fragen können wir beim unbekannten Verfasser des Hebräerbriefes in die Schule rechten Hoffens gehen. Er schreibt in Hebräer 10,23-25:

„Lasst uns an dem unwandelbaren Bekenntnis der Hoffnung festhalten, denn er, der die Verheißung gegeben hat, ist treu. Lasst uns aufeinander achten und uns zur Liebe und zu guten Taten anspornen. Lasst uns nicht unseren Zusammenkünften fernbleiben, wie es einigen zur Gewohnheit geworden ist, sondern ermuntert einander, und das umso mehr, als ihr sehr, dass der Tag naht."

Diese Sätze handeln nicht nur von der christlichen Hoffnung, sondern schließen mit dem Hinweis auf die Wiederkunft Christi. Wiederkunft, griechisch „parousia", lateinisch „adventus": Der Advent, Gottes Kommen in die Welt, ist sowohl der Grund als auch der Horizont christlicher Hoffnung. Und dementsprechend dient die Adventszeit der Einübung in das rechte Hoffen.

Der Hebräerbrief ermahnt seine Adressaten gegen Ende des 1. Jahrhunderts, am Bekenntnis der Hoffnung festzuhalten. Offenbar haben seine Leser, die wir in einer Gemeinde Kleinasiens vermuten dürfen, diese Ermahnung nötig. Nicht erst in unseren Tagen stehen Christen in der Gefahr, dass ihr Glaube und ihre Hoffnung erlahmen. Der Autor des Hebräerbriefes und seine Adressaten gehören bereits der zweiten christlichen Generation an. Die von den ersten Christen noch zu ihren Lebzeiten erwartete Wiederkunft Christi ist bisher ausgeblieben.

Die sich daraus ergebende Anfechtung des Glaubens hat eine Generation später an Schärfe gewonnen. Der 2. Petrusbrief zitiert Christen, die an der Hoffnung des Glaubens irregeworden sind. „Wo bleibt denn die verheißene Wiederkunft Christi?", höhnen sie. „Seit die Väter entschlafen sind, ist alles geblieben, wie es seit dem Anfang der Schöpfung war."

Drängt sich nicht auch heute dieser Eindruck auf? Seit den Tagen der ersten Christen läuft die Welt nach den ewig gleichen Gesetzen von Fressen und Gefressenwerden ab. Die Menschen fügen einander nach wie vor unermessliches Leid zu. Es regiert nicht das Recht Gottes, bei dem sich Frieden und Gerechtigkeit küssen, sondern das Recht des Stärkeren, der sich nimmt, was er braucht oder zu brauchen meint. Selbst die innerweltlichen Fortschrittsutopien vergangener Jahrzehnte verblassen. Und der unermüdliche Einsatz engagierter christlicher oder humanitärer Organisationen für die Armen, für Frieden, Gerechtigkeit und die Bewahrung der Schöpfung scheint die Welt nicht besser zu machen.

Auch der gegenwärtige Zustand der Ökumene mag zu derartiger Resignation Anlass bieten. Seit die Väter und Mütter der ökumenischen Bewegung entschlafen sind, ist zwar vielleicht nicht alles so geblieben, wie es im Zeitalter der Konfessionskriege und der gegenseitigen Verwerfungen war, aber es geht eben auch nicht mehr so recht voran.

Der Hebräerbrief erinnert nun aber an den Grund der Hoffnung, nämlich an die göttlichen Verheißungen. Diese aber sind nicht mit unseren menschlichen Wünschen und Vorstellungen zu verwechseln. „Gott", so hat der evangelische Theologe Dietrich Bonhoeffer geschrieben, „erfüllt nicht alle unsere Wünsche, wohl aber alle seine Verheißungen."

Daher müssen wir uns selbst kritisch fragen, inwieweit unsere Wunschvorstellungen mit den göttlichen Verheißungen übereinstimmen. Das verheißene Reich Gottes beginnt, wenn wir dem biblischen Zeugnis glauben dürfen, im Verborgenen und Unscheinbaren und ist nicht mit unseren Traumwelten zu verwechseln, die wir uns vielleicht in kräftigen Farben ausmalen.

Das gilt auch für das Ziel der ökumenischen Bewegung. Es ist offenbar notwendig, dass wir uns kritisch fragen, worin denn die sichtbare Einheit der Kirchen bestehen soll, welche die ökumenische Bewegung zu ihrem Ziel erklärt hat. Wird uns solche Einheit nicht im Glauben schon längst geschenkt, und ist sie an der so genannten Basis nicht immer wieder erfahrbar, auch wenn die Amtskirchen noch immer nicht zur offiziellen Kirchengemeinschaft gefunden haben?

Die eigentliche Hoffnung, von der alle ökumenische Arbeit getragen wird, ist aber nicht die sichtbare Einheit der irdischen Kirche, sondern das Reich Gottes, in welchem die Schöpfung ihre Vollendung finden soll. Nicht um die Einheit der Kirche, sondern um das Kommen des Reiches wird im Vaterunser gebetet. Die sichtbare Einheit der Kirche(n), was auch immer darunter verstanden werden mag, ist jedenfalls keine Vorbedingung für das Kommen des Reiches Gottes.

Nun ermahnt der Hebräerbrief nicht allein zur Hoffnung, sondern auch zur Liebe und zu guten Taten. In dem vorausgehenden Vers spricht er außerdem noch von der Gewissheit des Glaubens. Ganz offenkundig spielt er auf die Trias von Glaube, Hoffnung und Liebe an, die Paulus im 13. Kapitel des 1. Korintherbriefes beschreibt. Hoffnung und Liebe gründen in der Zuversicht des Glaubens. Ohne diese Zuversicht wird die Aufforderung zum Hoffen und zur Liebe zum unerfüllbaren Gesetz. Doch weder wird die Welt allein durch menschliche Anstrengungen verbessert, schon gar nicht erlöst, noch ist der ökumenischen Bewegung mit bloßen Appellen zu helfen. Beide, die Welt wie die Ökumene, bedürfen vielmehr des göttlichen Geistes, der weht, wo er will.

Glaube ohne Werke der Liebe ist jedoch ein toter Glaube. Darum werden wir vom Verfasser des Hebräerbriefes aufgefordert, Liebe zu üben und im Geist der Liebe zu handeln. „Lasst uns aufeinander achten und uns zur Liebe und zu guten Taten anspornen“: Das ist geradezu ein ökumenisches Wort. Wir, die wir verschiedenen Konfessionen angehören, sollen aufeinander achten und uns wechselseitig zu Taten der Liebe anspornen. Auch für die Kirchen als Ganze gilt dies. Jede achte nicht nur auf sich selbst und ihr eigenes Wohl und Wehe, sondern auch auf die anderen Kirchen.

Mag auch über das Ziel der Ökumene und über die Bedingungen von Kirchengemeinschaft gegenwärtig Uneinigkeit herrschen, so gibt es doch zur Ökumene der Kirchen keine Alternative. Denn die multireligiöse Situation nicht nur auf Weltebene, sondern auch in den Einzelgesellschaften – einschließlich der fortgeschrittenen Säkularisierung in Europa – zwingt die Kirchen dazu, das

Gemeinsame über das Trennende zu stellen, freilich nicht um den Preis der Wahrheit.

Nicht nur die verschiedenen Religionen, sondern auch die christlichen Konfessionen befinden sich nach wie vor in einer Konkurrenzsituation. Die Frage lautet aber, wie diese Konkurrenz so gestaltet werden kann, dass sie nicht auf einen für die Kirchen letztlich selbstzerstörerischen Exklusivismus partikularer Wahrheitsansprüche hinausläuft, der die christliche Botschaft von der universalen Liebe Gottes zu allen Menschen letztlich unglaubwürdig macht.

Die Antwort kann wohl nur in einer von konstruktiver Toleranz getragenen Ökumene des wechselseitigen konfessionellen Respekts bestehen. Diese Option besagt, dass sich die Kirchen unbeschadet der vorhandenen Differenzen wirklich als Kirchen anzuerkennen haben und dass diese Anerkennung nicht erst das Ergebnis, sondern die Voraussetzung künftiger ökumenischer Gespräche ist. Der theologische Grund für die wechselseitige Anerkennung aber liegt in dem gemeinsamen Glauben an die allen Menschen und auch den Kirchen zuvorkommende Gnade Christi, der nicht für die Gerechten, sondern für die Gottlosen und um ihrer Sünden willen gestorben ist. Dass diese Anerkennung teilweise immer noch verweigert oder nur mit größten Einschränkungen gewährt wird, ist das große Hindernis auf dem Weg der Ökumene.

Auch die letzte Mahnung des Hebräerbriefes hat ökumenische Brisanz. Die Leser werden aufgefordert, regelmäßig am Gottesdienst teilzunehmen – „und das umso mehr, als ihr seht, dass der Tag [der Wiederkunft Christi] naht." Schon früh hat sich in der Christenheit die Überzeugung herausgebildet, der Besuch vor allem des österlichen Gottesdienstes sei eine heilige Pflicht. Von einer derartigen Sonntagspflicht steht im Hebräerbrief freilich nichts, wohl aber sieht er im regelmäßigen Gottesdienstbesuch eine Notwendigkeit, soll das Glaubensleben nicht verkümmern, weil in der Verkündigung des Evangeliums und in der Feier der Sakramente die Quelle ist, aus welcher der Glaube seine Kraft schöpft, die andernfalls zu versiegen droht.

Brisant ist die Ermahnung des Hebräerbriefes aber nun insofern, als gerade die so genannte Sonntagspflicht auf katholischer Seite immer wieder zu Problemen führt, wenn es um die Feier ökumenischer Gottesdienste geht. Wenn ökumenische Gottesdienste in Konkurrenz zu den separaten Gottesdiensten der verschiedenen Kirchen gesehen wird, führt dies zu ihrer Abwertung. Dass andererseits in ökumenischen Gottesdiensten bis heute keine offizielle gemeinsame Feier des Abendmahls bzw. der Eucharistie möglich ist, bleibt die offene Wunde der Christenheit. Dass die orthodoxe Kirche auch Katholiken und dass die evangelische Kirche allen Christen aus Kirchen, die dem Ökumenischen Rat angehören, eucharistische Gastfreundschaft gewährt, zeigt, dass diese Schranke nicht unüberwindlich ist, ändert aber nichts daran, dass die volle Gemeinschaft der Kirchen am Tisch des Herrn noch immer nicht besteht.

Jeder ökumenische Gottesdienst ist ein Zeichen adventlicher Hoffnung, nicht nur der Hoffnung, dass das, was die Kirchen noch immer trennt, überwunden wird durch das, was sie jetzt schon eint, sondern auch der Hoffnung, dass Gott diese Erde und die Menschheit nicht ihrem Schicksal überlässt, sondern es mit uns allen zu einem guten Ende führt.

Der Hebräerbrief zeichnet ein Bild von der Christenheit als dem durch die Zeiten wandernden Gottesvolk. Durststrecken der Resignation oder auch dunkle Zeiten gehören zu unserem Weg dazu. Den Realismus christlicher Hoffnung, die auch dann trägt, hat Jochen Klepper in seinem bekannten Adventslied in folgenden Versen zum Ausdruck gebracht:

„Noch manche Nacht wird fallen / auf Menschenleid und -schuld. / Doch wandert nun mit allen / der Stern der Gotteshuld. / Beglänzt von seinem Lichte, / hält euch kein Dunkel mehr. / Von Gottes Angesichte / kam euch die Rettung her.“

Narrenfreiheit um des Glaubens willen

Der „Karikaturenstreit“ aus christlicher Sicht

Die älteste Jesus-Darstellung ist eine boshafte Karikatur. Sie zeigt den Gekreuzigten mit einem Eselskopf und trägt die Unterschrift: „Alexamenos betet seinen Gott an.“ Diese Zeichnung fand man eingeritzt auf dem Palatin in Rom. Offenbar wollte sich hier jemand über den Glauben eines frühen Christen lustig machen, der damals noch nicht als Religion im Römischen Reich geduldet wurde, sondern als eine Form des Atheismus galt, weil die Christen den römischen Kaiserkult und die Verehrung der Staatsgötter verweigerten.

Die christliche Botschaft des gekreuzigten Gottes war, wie der Apostel Paulus im I. Korintherbrief Mitte des I. Jahrhunderts schrieb, den Juden ein Ärgernis und den Griechen eine Torheit. Das ist sie bis heute geblieben. Auch der Islam und sein Prophet Mohammed können dieser Botschaft nichts abgewinnen. So behauptet der Koran, Jesus sei gar nicht am Kreuz gestorben, sondern von Gott in den Himmel entrückt worden (Sure 4, 157f). Dass in ihm Gott selbst das Schicksal und Leiden der Menschen geteilt haben könnte, ist aus islamischer Sicht unvorstellbar.

Nach christlichem Glauben aber offenbart sich Gottes Wesen, nämlich seine grenzenlose Liebe, im Tod Jesu am

Kreuz. Der Gekreuzigte ist, wie Paulus schreibt, das wahre Ebenbild Gottes. Im Antlitz dieses von seinen Peinigern geschundenen und vor seiner Hinrichtung verhöhnten Menschen ist nach christlicher Auffassung Gott selbst zu erkennen. Um seines Glaubens willen habe er sich zum Narren gemacht, schreibt Paulus: „Wir sind Narren um Christi willen" (1. Korinther 4,10).

Wer das Neue Testament liest, wird sich nicht wundern, dass der christliche Glaube immer wieder zur Zielscheibe des Spottes geworden ist. Und wer Christus mit Ernst nachfolgen will, hat solchen Spott zu ertragen. Wo immer das Christentum, das später zur Staatsreligion wurde, diesen nicht ertragen konnte und zur Gewalt griff, um sich gegen seine Verächter zur Wehr zu setzen, hat es das Evangelium verraten.

Gleiches gilt aber auch, wo der Glaube anderer verächtlich gemacht wird. Wer meint, Gott oder Christus mit Gewalt oder staatlicher Macht gegen Kritik und Spott verteidigen zu müssen, gleicht dem Apostel Petrus, der nach der Überlieferung des Johannesevangeliums Jesus bei seiner Gefangennahme mit dem Schwert verteidigen wollte und einem Soldaten ein Ohr abschlug. Jesus aber soll gesagt haben: „Stecke dein Schwert in die Scheide! Soll ich den Kelch nicht trinken, den mir mein Vater gegeben hat?" (Johannes 18,11).

Die mittelalterlichen Päpste, die sich für die Nachfolger Petri hielten und zum Kreuzzug gegen den Islam aufriefen, haben dieses Wort nicht verstanden, ebenso wie jene, die sich heute im Westen unter Berufung auf angeblich christliche Werte zum Kampf der Kulturen rüsten.

Aber auch jene, welche auf islamischer Seite meinen, den einen und einzigen Gott gegen Karikaturisten und Spötter mit Gewaltandrohung und Gewaltausübung verteidigen zu müssen, verkennen nach christlicher Überzeugung das wahre Wesen Gottes, das in gewaltloser Liebe selbst gegenüber seinen Feinden besteht. Einer „Re-Theologisierung der Politik", vor der Luxemburgs Premierminister Jean-Claude Juncker warnt, ist aus meiner Sicht eine klare Absage zu erteilen.

Martin Luther und die Reformation vertrauten auf die Macht des Wortes. Nicht mit Gewalt, sondern allein mit dem Wort sei für das Evangelium und seine rechte Auslegung zu streiten. Nicht obwohl, sondern weil ich evangelischer Christ bin, trete ich sowohl für Religionsfreiheit als auch für das Grundrecht der Meinungs- und Pressefreiheit ein. Dazu gehört auch das Recht auf Religionskritik, und zwar auch mit den Mitteln der Kunst und der Karikatur. Weder das Christentum und seine verschiedenen Konfessionen noch der Islam und seine unterschiedlichen Richtungen hätten ohne das Recht, bestehende Religionen zu kritisieren, eine historische Daseinsberechtigung.

Evolutionstheorie: Plan ohne Master

Mit seiner Philippika gegen „neo-darwinistische" Evolutionstheorien in der *New York Times* hat der Wiener Erzbischof Kardinal Schönborn 2005 weltweit für Aufsehen und Aufregung gesorgt. In nachgeschobenen Interviews hat er sich dagegen verwahrt, mit den so genannten Kreationisten in einen Topf geworfen zu werden. Das sind religiöse Fundamentalisten, welche die Evolutionstheorie Darwins grundsätzlich ablehnen und aus dem Biologieunterricht an öffentlichen Schulen verbannen wollen. Schönborn wünscht sich dagegen einen Darwinismus light, der sich an die dogmatischen Vorgaben des römisch-katholischen Weltkatechismus hält, deren Redaktionssekretär der Kardinal immerhin war.

Seinen streitbaren Gastkommentar möchte er als Plädoyer für die Freiheit der Wissenschaft verstanden wissen. Nun ja. Wer würde ihm nicht grundsätzlich zustimmen wollen, wenn eine naturwissenschaftliche Theorie zum Dogma und somit zu einer quasireligiösen Weltanschauung erklärt wird? Mit welchem Recht aber darf dies der modernen Evolutionsbiologie unterstellt werden? Wenn jemand heutzutage noch Dogmen im strikten Sinne des Wortes verkündigt, ist das die Römisch-katholische Kirche, zuletzt im Jahr 1950, als die leibliche Aufnahme Mariens in den Himmel zur unumstößlichen Glaubenswahrheit erklärt wurde. Im Unterschied zu jenen Evolutionstheorien, die Schönborn als „neodarwinistisch" abstempelt, sind solche Dogmen innerhalb der katholischen Kirche kraft lehramtlicher Autorität jeder Kritik entzogen und lassen sich weder verifizieren noch falsifizieren. Wer also im Glashaus sitzt, sollte besser nicht mit Steinen werfen.

Zwar ist Polemik manchmal das Salz in der Suppe von ansonsten faden Diskussionen. Warum soll also nicht auch ein Kardinal gelegentlich kräftig austeilen dürfen? Glaube und Naturwissenschaften geraten bei ihm freilich ein wenig durcheinander. Das geschieht zugegebenermaßen auch bei Naturwissenschaftlern, wenn diese über theologische Themen dilettieren, z.B. über angebliche Gott-Gene oder „Neurotheologie", was die Sache freilich nicht besser macht. Als Kanzler der Wiener Katholisch-Theologischen Fakultät, der er kraft Konkordat immerhin ist, hat Schönborn der katholischen Theologie und ihrem Anspruch, als Wissenschaft ernst genommen zu werden, einen Bärendienst erwiesen. Dass dadurch die Theologie als Wissenschaft insgesamt in Misskredit zu geraten droht, muss auch einen evangelischen Theologen beunruhigen.

Dabei hat der Kardinal im Kern durchaus Recht: Heutige Evolutionstheorien lassen sich keineswegs so umstandslos mit der christlichen Schöpfungslehre harmonisieren wie es manche Theologen gerne hätten. Eine Evolution, die zwar keineswegs völlig ungerichtet verläuft, aber keinem Masterplan oder „intelligenten Design" folgt, lässt sich nicht ohne Weiteres als Handeln eines gütigen Schöpfergottes interpretieren. In Zeiten, in denen eine frei flottierende Naturfrömmigkeit ein eigenartiges Gemisch aus populärwissenschaftlicher Kosmologie und diffuser Spiritualität produziert und zugleich die naturwissenschaftliche Infragestellung des traditionellen christlichen Schöpfungsglaubens zum Normalfall geworden ist, ist ein Dialog zwischen Theologie und Naturwissenschaften ein anspruchsvolles Unternehmen.

Der katholische Weltkatechismus behauptet, das Dasein eines Schöpfergottes lasse sich „dank dem Licht der menschlichen Vernunft aus seinen Werken mit Gewissheit erkennen, wenn auch diese Erkenntnis oft durch Irrtum verdunkelt und entstellt wird". Offenbar hat Kardinal Schönborn ein stärkeres Gespür als viele Mainstream-Theologen dafür, wie schwer es einem fällt, in den Gesetzmäßigkeiten und dem tatsächlichen Verlauf der Evolution die Werke Gottes zu erkennen, wenn man Begriff und Theorie der Evolution so ernst nimmt, wie es der Stand der Forschung verlangt. Er zieht daraus aber die falschen Schlüsse, indem er fatalerweise den Eindruck erweckt, Theologie und Kirche könnten sich die Form von Evolutionstheorie auswählen, die ihnen passt. Damit ist der interdisziplinäre Dialog schon am Ende, ehe er überhaupt begonnen hat.

Das evolutionäre Denken fordert die Theologie nicht nur durch den Verzicht auf die metaphysische Kategorie der Teleologie heraus, die durch den Begriff einer relativen Teleonomie oder Bionomie ersetzt wird. Es geht auch nicht bloß um die Kategorie des Zufalls, sondern vor allem um das Problem der Selektion und der Destruktion.

Die Kritische Evolutionstheorie von Wolfgang Friedrich Gutmann und Klaus Bonik erklärt, dass die durch die Bedürfnisse von Energiezufuhr und Energieumwandlung bedingte Bionomie von Organismen nicht zwangsläufig existiert. Vielmehr treten immer bionomische Varianten auf. Die Variabilität aber bringt Veränderungen in Gestalt von Missbildungen und Fehlentwicklungen hervor, die zum Absterben führen können. Dieses Absterben lässt sich jedoch nicht nur als Resultat äußerer, sondern vor allem als in der Embryonalentwicklung auflaufende innere Selektion verstehen. Durch diese innere Selektion erst wird die grundlegende Funktionstüchtigkeit der Lebewesen gesichert. Stammesgeschichtlicher Wandel verläuft über allmähliche Veränderungen bei Verdrängung weniger leistungsfähiger Varianten und „eingebettet in einen Hof von Destruktion durch völlig Entgleisung der Lebensprozesse" (Gutmann/Bonik).

Diese Einsicht aber trifft den Glauben an den gütigen Schöpfergott im Kern. Evolutionstheoretisch gilt nämlich, dass die Kräfte der Destruktion nicht etwa das Andere der Kreativität des Lebens sind, sondern dass Missbildungen, Fehlentwicklung und Tod die Voraussetzung für die Lebensfähigkeit der verbleibenden Lebewesen sind. Diese Einsicht erlaubt es nicht, im Sinne der traditionellen Schöpfungslehre von einem paradiesischen Urzustand, einem status integritatis ohne Tod und Zerstörung, zu sprechen. Wenn der Satz aus der biblischen Genesis: „Und siehe, es war sehr gut", mit welchem der Schöpfungsglaube sein Einverständnis mit der vorfindlichen Welt zum Ausdruck bringt, auch von der Natur gelten soll, wie sie moderne Evolutionsbiologie beschreibt, dann sind auch Destruktion und Tod als Elemente des schöpferischen Handelns Gottes zu bejahen.

Das theologische Problem besteht nicht darin, dass man eine solche Welt nicht als das Werk eines Gottes interpretieren kann. Dieser Gott muss nicht einmal anthropomorph als Person gedacht werden, sondern kann auch der pantheistische Gott Spinozas sein, der gleichbedeutend mit der alles hervorbringenden Natur (natura naturans) ist, oder der evolvierende Gott der nordamerikanischen Prozesstheologie. Das aber ist bestenfalls der Gott der Philosophen, nicht der Gott Abrahams, Isaaks und Jakobs. Wer ihn in der Natur sucht, wie der katholische Weltkatechismus der menschlichen Vernunft anrät, landet höchstens beim verborgenen Gott Martin Luthers, dem Deus absconditus, an dessen Güte man verzweifeln kann.

Es war die spätantike Gnosis, welche die Welt als Schöpfung nicht dem gütigen Gott der Bibel, sondern einem Demiurgen zuschrieb. Und bis heute bleibt die Frage der Gnosis der Stachel im Fleisch des christlichen Schöpfungsglaubens, ob man einem Gott nicht Übles nachsagt, wenn man von ihm behauptet, er habe die Welt erschaffen.

Der angefochtene Glaube mag sich damit zu beruhigen versuchen, dass die Kräfte der Destruktion im Prozess der Evolution von der Übermacht des Lebens überwunden werden, wodurch die Natur ihre innere Widersprüchlichkeit und Zweideutigkeit verliere. Es bleibt aber nicht nur naturwissenschaftlich, sondern auch theologisch fraglich, ob die Einsicht in die Übermacht des natürlichen Lebens dieses selbst schon als vernünftig erscheinen lässt. Ob Hegels spekulative Philosophie des Weltgeistes hier weiterhilft, darf bezweifelt werden.

Die Sinnhaftigkeit des biblischen Schöpfungsglaubens lässt sich auch nicht auf dem Weg einer alltagsweltlichen

Naturästhetik hinreichend begründen. Abgesehen davon, dass unser Naturerleben sozial vermittelt und geschichtlichem Wandel unterworfen ist, steht das sprachliche Zeichen „Natur" für eine kulturell überformte und heute auch naturwissenschaftlich-technisch vermittelte Wirklichkeit. Vor allem aber bleibt eine rein ästhetisch gewonnene Antwort auf die Frage nach der Sinnhaftigkeit der Natur dieser äußerlich und neigt dazu, die geschilderte Widersprüchlichkeit von Leben und Tod, von Schönem und Grausamem auszublenden.

Die Wahrnehmung der Natur als Schöpfung ist nur dann nicht äußerlich, wenn sie als Anrede vernommen wird. Die vom Glaubenden vernommene Anrede aber erschließt sich gerade nicht über die unmittelbare Wahrnehmung der Natur oder ihre naturwissenschaftliche Analyse, sondern durch existentielle Widerfahrnisse, die den Charakter von Offenbarung tragen. Der Begriff der Offenbarung bedeutet, dass sich Menschen die Welt und ihre eigene Existenz auf neue Weise erschließt und in eine andere Perspektive einrückt. Nach jüdischer und christlicher Überzeugung hat sich der Schöpfergott in der Geschichte Israels offenbart. Seine letztgültige Offenbarung ist nach christlichem Bekenntnis das Leben und Sterben Jesu von Nazareth und seine Auferstehung. Im Lichte dieser Ereignisse wird für den Glauben ein letzter Sinn der Welt erkennbar. Unter dieser Prämisse wird die Hoffnung formuliert, dass auch Tod und Vernichtung in Gott aufgehoben werden und die Theodizeefrage eine letzte Antwort findet. Auferstehung ist freilich kein naturwissenschaftlich oder historisch verifizierbarer Vorgang, sondern das religiöse Symbol für die

Macht der Liebe, die dem Kosmos wie der eigenen Existenz einen unzerstörbaren Sinn verleiht.

Die biblischen Schöpfungsberichte sind keine naturwissenschaftliche Hypothese über die Entstehung des Kosmos, sondern religiöse Poesie. Ihre Aussagen sind keine wissenschaftlich verifizierbaren oder falsifizierbaren Sätze. Die Aussage: „Und siehe, es war sehr gut", die jeden der sieben Schöpfungstage beschließt, ist nicht von der Art wie: „Gestern hat es geregnet." Wenn man hier von Wahrheit sprechen will, dann in einem anderen Sinne als im Rahmen naturwissenschaftlicher Theoriebildung. Es geht hier um so etwas wie Lebenswahrheit oder existentielle Wahrheit.

Die ersten Seiten der Genesis leiten ihre Leser an, die Welt und sich selbst gewissermaßen mit den Augen Gottes zu betrachten. Erst dadurch wird sie überhaupt als Schöpfung wahrnehmbar. Wie jede naturwissenschaftliche Theorie ist auch jede Schöpfungslehre als Konstruktion zu begreifen. Hinter allen Konstruktionen steht das Bedürfnis nach Sinn. Dieses aber kann nicht durch eine naturwissenschaftliche Monokultur, sondern offenbar nur multiperspektivisch befriedigt werden, wobei alle Versuche der Sinnfindung fragmentarisch bleiben und immer wieder durch Erfahrungen des Sinnwidrigen relativiert werden, an der sich die „Wut des Verstehens" (Friedrich Schleiermacher) vergeblich austobt.

Die mit den Begriffen „Schöpfung" und „Natur" bzw. „Evolution" verbundenen Perspektiven auf die Wirklichkeit fallen derart auseinander, dass sie sich offenbar nicht in einem einheitlichen Weltbild oder einer Supertheorie zusammenfügen lassen. Die Sicht des Glaubens und diejenige der Naturwissenschaft auf die Wirklichkeit sind bestenfalls komplementär. Sie stehen in einer vergleichbaren Spannung zueinander wie die physikalische Deutung der Materie als Teilchen einerseits und als Welle andererseits.

Theologie als Wissenschaft hat die besondere Eigenart des christlichen Schöpfungsglaubens historisch und systematisch zu analysieren und sein Deutungspotential für eine multiperspektivische Wirklichkeitsbeschreibung auszuloten. Was theologisch mit „Schöpfung" gemeint ist, ist von Evolution und Natur zu unterscheiden, muss aber an der Natur identifiziert werden. Die auf den ersten Blick konträren Sichtweisen lassen sich nicht durch einen übergeordneten Beobachterstandpunkt aufheben. Das ist gerade der Witz im interdisziplinären Gespräch zwischen Theologie und Naturwissenschaften. Dass es in der Evolution aus naturwissenschaftlichem Blickwinkel kein „intelligentes Design" zu beobachten gibt, gehört gerade zu den produktiven Herausforderungen des interdisziplinären Gesprächs, weil es Theologie und Glaube vor oberflächlichen Antworten auf die Sinnfrage und das Theodizeeproblem bewahrt.

Darwin und die Rache Gottes

Kardinal Schönborn lässt nicht locker. 2005 hat der Wiener Kardinal Schönborn mit einem aufsehenerregenden Artikel eine neue Diskussion über die Evolutionstheorie entfacht. Ein Jahr später hat er seine Kritik am „Neodarwinismus“ beim Europäischen Forum in Alpbach erneuert. Neues in der Sache hat er zwar nicht zu sagen, doch kann der Schüler Joseph Ratzingers als weiteren Erfolg verbuchen, dass der nunmehrige Papst Benedikt XVI. das Thema der Evolutionstheorie am kommenden Wochenende in der päpstlichen Sommerresidenz Castel Gandolfo mit seinem Schülerkreis diskutieren will.

Seine eigene Sicht des Verhältnisses von christlichem Schöpfungsglauben und Evolutionstheorie hat Schönborn auch in neun Katechesen im Stephansdom dargelegt. Im letzten dieser Vorträge gebraucht der Kardinal das Bild von der „Darwinsleiter“ – gemeint ist die DNA-Doppelhelix – und der Jakobsleiter, jener Himmelsleiter, die dem alttestamentlichen Erzvater im Traum erschien (1. Mose 28,10-22). Die Alternative zur darwinistischen Weltanschauung und ihrem Materialismus sei nicht der Kreationismus des nordamerikanischen Fundamentalismus, sondern das Miteinander von „Darwinsleiter“ und „Jakobsleiter“.

Abgesehen davon, dass die DNA-Strukur nicht von Darwin, sondern erst von James D. Watson und Francis Crick 1953 entschlüsselt wurde, bietet das Bild von den zwei Leitern freilich keine befriedigende theoretische

Lösung. Es wirft mehr Fragen auf als es beantwortet.

Bereits mit seinem umstrittenen Artikel vor einem Jahr in der New York Times hat sich Kardinal Schönborn zum Vorreiter einer Debatte gemacht, die zwar wissenschaftlich unfruchtbar, religionssoziologisch und politisch freilich höchst aufschlussreich ist. Sein Kreuzzug gegen den „Neodarwinismus" und eine „biologistische Ethik" ist Teil jener katholischen Restauration, die sich seit den siebziger Jahren des 20. Jahrhunderts vollzieht und Parallelen im protestantischen Fundamentalismus nordamerikanischer Provenienz, im islamischen Fundamentalismus, aber auch in fundamentalistischen Bewegungen des heutigen Judentums hat.

Der französische Soziologie Gilles Kepel hat die Wiederkehr der Religion als „Revanche de Dieu" bezeichnet und Gemeinsamkeiten und Unterschiede der religiösen Aufbruchsbewegungen gründlich untersucht. Gemeinsam ist ihnen die Forderung nach Überwindung einer vermeintlich gescheiterten Moderne. Nach dem Ende der großen Ideologien des 20. Jahrhunderts und als Reaktion auf die geschichtlichen Umbrüche nach 1989 erleben wir weltweit ein Wiedererstarken der Religionen und eine Retheologisierung der Politik.

In der katholischen Kirche wurden Bestrebungen zur Neuevangelisierung Europas bereits Mitte der siebziger Jahre durch eine pessimistische Einschätzung der säkularisierten Welt und ihrer Zukunft ausgelöst. Die Wahl eines polnischen Papstes war für diese Entwicklung von kaum zu überschätzender Bedeutung. Vordenker waren aber auch Kardinal Ratzinger, der spätere Präfekt der Glaubenskongregation, und der seit 2005 emeritierte Erzbischof von Paris, Kardinal Lustiger. In dieses geistige und theologische Milieu gehört auch Kardinal Schönborn.

Beherrschendes Thema der achtziger Jahre war die Postmoderne. Der Begriff stand für radikalen Pluralismus, für ein eigentümliches Gemisch aus Kritik an der bisherigen Moderne und am Erbe der Aufklärung und gleichzeitigen Aufbruch in eine „andere Moderne" (Ulrich Beck). Inzwischen ist es um den Begriff der Postmoderne recht still geworden. Globalisierung und Neoliberalismus sind die neuen Schlagworte der politischen und kulturwissenschaftlichen Debatten.

In Italien wird das Programm einer restaurativen Rechristianisierung von der Bewegung „Comunione e liberazione" getragen. Sie hat zu dem „Meeting für die Freundschaft der Völker" in Rimini eingeladen, auf dem Kardinal Schönborn in der vergangenen Woche einmal mehr seine Kritik am Darwinismus geäußert hat. Die Bewegung hat auch in Österreich einen Ableger, die vom Wiener Erzbischof gefördert wird.

In diese fügt sich nun Schönborns Kampagne nahtlos ein. Indem er den „Neodarwinismus" zum eigentlichen Feind erklärt, gegen den die katholische Kirche als Gralshüter der wahren Vernunft zu Felde zieht, transformiert er den ökonomischen und politischen Diskurs in einen weltanschaulich-religiösen Konflikt. Dieser tritt an die Stelle der Auseinandersetzung mit dem Marxismus, der inzwischen ziemlich bedeutungslos geworden ist.

Schönborns Warnung vor dem „Evolutionismus" ist in Wortwahl und Gedankenführung freilich selbst ein typisches Beispiel für das, was man Ideologie nennt. Ideologien lieben es bekanntlich, sich als Aufklärung des „falschen Bewusstseins“ zu präsentieren und die wahre Vernunft für sich zu reklamieren.

Geschickt stellt Schönborn eine Verbindung zwischen Darwinscher Evolutionstheorie, Neoliberalismus und einer „biologistisch-eugenischen Ethik“ her, welche hinter all den Entwicklungen auf dem Gebiet der Biomedizin und Reproduktionsmedizin stehe, die der katholischen Kirche ein Gräuel sind. Dem wird die Vorstellung von einer „sittlich verbindlichen Schöpfungsordnung“ gegenübergestellt, die nicht nur aus Sicht einer säkularen Ethik, sondern auch theologisch höchst problematisch ist. Der evangelische Theologe Paul Tillich (1886–1965) hat diese Idee schon vor Jahrzehnten mit Recht als „Ursprungsmythos“ kritisiert.

Zwar wird heute von verschiedenen Seiten auch an der Idee einer „evolutionären Ethik“ berechtigte Kritik geübt. Mit einem biologischen Begriff der Natur, des Lebens oder der Evolution lassen sich keine Ethik und keine moralischen Normen begründen. Eine Naturrechtsethik, die aus der Vorstellung einer unwandelbaren Schöpfungsordnung abgeleitet wird, ist jedoch ebenfalls ein ideologisches Konstrukt und daher schon seit langem Gegenstand wissenschaftlich-theologischer Kritik.

Die katholische Morallehre und Bioethik, wie Schönborn sie propagiert, sind keineswegs „prophetisch“, wie er glaubt, sondern fügen sich in das Bild vom „katholischen Bruch“ mit der säkularen Moderne, den Gilles Kepel beschrieben hat. Auch wenn er sich von den protestantischfundamentalistischen Kreationisten abgrenzt, verbreitet auch Schönborn eine ideologisch verengte Form christlicher Schöpfungstheologie mit einer bestimmten gesellschaftspolitischen Stoßrichtung. Mit Darwin und den wirklichen Theorieproblemen der modernen Evolutionsbiologie hat das alles herzlich wenig zu tun.

Im Schmerz um den verborgenen Gott

Eine Erinnerung an Reinhold Schneider (1903-1958)

Seinen letzten Winter verbrachte der Dichter Reinhold Schneider in Wien. Genau einen Monat nach seiner Rückkehr – nur wenige Wochen vor seinem 55. Geburtstag – starb er am 6. April 1958 in Freiburg. Fünf Tage vor seinem Tod konnte er noch das satzfertige Manuskript seiner Wiener Tagebuchaufzeichnungen abliefern, zu denen ihn sein Verlag angeregt hatte. Schneider stammte aus einem gemischt konfessionellen Elternhaus. Katholisch erzogen, hatte sich Schneider nach zeitweiliger Distanz 1937 wieder dem katholischen Glauben zugewandt. Seine Rückwendung zum Katholizismus hinderte ihn freilich nicht daran, weiter enge Freundschaft mit protestantischen Schriftstellern wie Jochen Klepper oder Rudolf Alexander Schröder zu pflegen. Schneiders Freund Werner Bergengruen trat 1935 zum Katholizismus über. Schneiders Buch „Las Casas vor Karl V." (1938) las sich als flammender Protest gegen die Judenverfolgung im „Dritten Reich", seine 1941 erschienene Essaysammlung „Macht und Rose" übte auf den Widerstandskreis der Weißen Rose großen Einfluss aus. Der tief gläubige Katholik, der sich am Widerstand gegen das NS-Regime beteiligt hatte, wurde während und nach dem Zweiten Weltkrieg als überkonfessionelle Stimme des christlichen Gewissens in Deutschland gehört und gelesen. Seine öffentliche Kritik an der Wiederbewaffnung der jungen Bundesrepublik trug ihm freilich heftige Angriffe und persönliche Diffamierungen ein.

Der Aufenthalt in Wien erschütterte ihn zutiefst. Hier liefen für ihn die Fäden nicht nur der europäischen Geschichte, sondern auch seines eigenen Lebens zusammen. Der überzeugte Monarchist und gleichzeitige Gegner der Restauration spürte dem Untergang der Habsburgermonarchie nach, der für ihn den Anfang vom Ende der europäischen Geschichte markierte. Verflogen sind seine nach Kriegsende anfangs gehegten Hoffnungen auf eine geistige und kulturelle Erneuerung Europas. Seine nun pessimistische Geschichtstheologie und sein tragisches Lebensgefühl rauben ihm selbst die Kraft zur persönlichen Lebensbejahung. Maestoso Alea, jener legendäre Lippizaner, den Schneider bewundert, wartet am Ende seiner Tagebuchaufzeichnungen „auf die Posaune, den apokalyptischen Reiter". Wie der von ihm verehrte Grillparzer präsentiert sich auch Schneider in seinem letzten Werk als „Dichter der letzten Dinge", der sich im Verdacht hatte, „dasein zu müssen als Vorbote des Entsetzlichen, gegen das keine Warnung und keine Bitte hilft".

Schneider, der während des Krieges trotz Publikationsverbot religiöse Trostschriften für die Soldaten an der Front und die hungernde Zivilbevölkerung veröffentlicht hatte und dafür kurz vor Kriegsende wegen Vorbereitung zum Hochverrat angeklagt wurde, spricht nun offen und schonungslos von seiner eigenen Skepsis und der Absurdität gläubiger Existenz: „Wir sind dort, wo Geschichte, wo die gläubige Existenz ad absurdum geführt werden", und zustimmend zitiert er einen Freund: „Wir sind die Generation, die keines Trostes bedarf. Wir stellen uns der Zeit ohne Trost." Seine persönliche Hoffnung richtet sich nicht mehr auf die Auferstehung und das ewige Leben, sondern auf ewige Ruhe. Wohl glaubt er weiter an den auferstandenen Christus, „aber meine Lebenskraft ist so sehr gesunken, dass sie über das Grab nicht hinauszugreifen, sich über den Tod hinweg nicht zu sehnen und zu fürchten vermag." Schneider mag sich keinen Gott denken, „der so unbarmherzig wäre, einen todmüden Schläfer unter seinen Füßen, einen Kranken, der endlich eingeschlafen ist, aufzuwecken. Kein Arzt, keine Pflegerin würde das tun, wie viel weniger Er!" In tastenden Worten lotet Schneider die Möglichkeit eines skeptischen Glaubens oder einer gläubigen Skepsis aus, „die Gott liebt, aber das Leben nicht sucht, die den Nächsten liebt, aber vielleicht nicht Gott und das Leben", welches sich doch immer gegen sich selbst wendet.

Es ist nicht allein das Grauen des Krieges und der Nazizeit, sondern auch der Blick in die Natur, der Schneiders skeptische Haltung gefördert hat. Für die modernen Naturwissenschaften fallen Weltzeit und Lebenszeit in einem Maße auseinander, dass die zeitlichen Aussichten der Menschheit auf Fortbestand und die mutmaßliche Fortdauer der Erde zueinander in ein absurdes Verhältnis geraten. Der nüchterne und schonungslose Blick auf die Geschichte ruft bei Schneider ebenso den „Schmerz um die Kreatur, um den verborgenen Gott" hervor wie die Betrachtung der Natur. Zum Sinnbild seiner Geschichtstheologie wird Schneider ein Gang durch das Heeresgeschichtliche Museum: „Von Schritt zu Schritt, auf dem Wege durch die Räume, verhüllt sich dichter und dichter Gottes Bild. Nun, am Ausgang ist es verschwunden." Das gleiche Empfinden stellt sich bei einem Besuch des Naturhistorischen Museums ein. Auch hier ist Gott „ebenso nah wie fern. Es ist unmöglich, ihn vor dieser unübersehbaren Gestaltenwelt, dieser entsetzlichen Fülle der Erfindungen zu leugnen"; doch „das Antlitz des Vaters? Das ist ganz unfassbar."

Schneiders Tagebuchaufzeichnungen sind ein heilsames Gegengift gegen die Propaganda der Kreationisten und die Idee eines „intelligent design". Auch den allzu unbekümmerten Verfechtern einer kirchlichen Normaldogmatik seien sie ans Herz gelegt, gerade weil sie nicht den Geist eines plumpen Atheismus vom Schlage eines Richard Dawkins atmen, sondern denjenigen einer gläubigen Skepsis, die darin Recht hat, dass der Zweifel den Glauben nährt und der Glaube den Zweifel.

Was das Antlitz des Schöpfergottes, an dessen Existenz für Schneider kein Zweifel besteht, verdunkelt, ist das biologische Grundgesetz des Fressens und Gefressenwerdens, das nicht zu einem harmlosen „Stirb und werde" abgeschwächt werden darf. Gerade die Faszination des „Designs", die „Bewunderung der Zweckmäßigkeit, mit der ein Tier zur Vernichtung des anderen ausgestattet ist", für welche Schneider zahlreiche Beispiele anführt, „grenzt an Verzweiflung". Die Biosphäre ist „ein Gleichgewicht der Gestaltung und Vernichtung", wie Schneider, der die naturwissenschaftlichen Werke Gert von Natzmers, Karl von Frischs und Ludwig von Bertalanffys gründlich studiert hat, besonders am Beispiel der Parasiten verdeutlicht. Wer meint, man könne diese gewissermaßen als Fremdkörper des Bösen in einer ansonsten guten Schöpfung interpretieren, der irrt; „ohne Myriaden von Zerstörern zu beherbergen, ohne von ihnen sich bedienen zu lassen, könnte kein höherer Organismus bestehen; ohne sie also könnte auch der Geist sich nicht aussagen."

Die biblische Schöpfungsgeschichte urteilt, Gott habe die Welt „sehr gut" geschaffen. Diese Aussage wird nicht von der vorfindlichen Welt getroffen, sondern von der ursprünglichen Schöpfung, die vorgestellt wird als eine Welt ohne Gewalt zwischen Mensch und Tier, aber auch ohne Gewalt zwischen Tieren. Sie alle werden in 1. Mose 1,28f als Vegetarier vorgestellt. Spiegelbildlich verhält sich dazu die prophetische Vision eines künftigen Friedensreiches, in dem die Wölfe bei den Lämmern wohnen und Löwen Stroh fressen (Jesaja 11,6f). Solche „ehrwürdigen Naivitäten" sind jedoch einem naturwissenschaftlich belehrten Glauben nicht mehr erschwinglich, ist doch der Mensch, dem die Bibel den Sündenfall und damit das Ende der paradiesischen Zustände zur Last legt, durch und durch als das Produkt der durch Fressen und Gefressenwerden charakterisierten Natur zu begreifen. Kreationisten, die das leugnen, ist mit Reinhold Schneider entgegenzuhalten: „Wenn aber des Menschen Fall Anfang dieses sich zerfleischenden Elends war, so müssen wir die noch ausstehende Entdeckung menschlicher Fossilien in paradiesischen Formationen abwarten."

Können die biologische Beschaffenheit der Natur und

ihre Gesetzmäßigkeiten nicht als naturgeschichtliche Folge der menschlichen Sünde erklärt werden, lässt sich die Möglichkeit erwägen, Schöpfung und Fall zusammenfallen zu lassen. Diese zeichnet sich bei dem evangelischen Theologen Paul Tillich ab. Er unterscheidet zwischen potentiellem und aktuellem beziehungsweise zwischen essentiellem und existentiellem Sein. Schöpfung versteht er als Übergang von der Potentialität zur Existenz. Nicht nur bleibt die jeweilige Wirklichkeit hinter ihren jeweiligen Möglichkeiten zurück. Der Übergang zur wirklichen Existenz ist für Tillich faktisch immer auch mit der Entfremdung vom göttlichen Ursprung verbunden. Entfremdung aber ist bei Tillich ein anderer Ausdruck für Sünde. Dieser Lösungsvorschlag nähert sich freilich in bedenklicher Weise einem gnostischen Schöpfungsverständnis, demzufolge die materielle Welt das Werk eines Demiurgen und eben nicht des liebenden Vatergottes ist, der sich in Jesus Christus offenbart hat.

Soll an dessen Schöpfertum festgehalten werden, besteht ein alternativer Lösungsversuch in der Theodizee von Gottfried Wilhelm Leibniz, wonach die real existierende Welt die beste aller möglichen Welten ist. Das Beste ist freilich nicht das Gute, sondern weniger als das. So widerstreitet der Satz von der besten aller möglichen Welten der biblischen Aussage, Gott habe die Welt sehr gut erschaffen, wie schon der evangelische Theologe Friedrich Schleiermacher gegen Leibniz eingewendet hat.

Auch wenn theologisch zwischen der Welt unter der Herrschaft der Sünde und des Bösen und Gottes ursprünglicher Schöpfung unterschieden werden muss, besteht doch die eigentliche Herausforderung an den Schöpfungsglauben darin, das von Reinhold Schneider nüchtern beschriebene Gleichgewicht von Gestaltung und Vernichtung als Verwirklichung der guten Schöpfung Gottes und eben nicht bloß als deren Verzerrung zu denken. Dass der Gott, der diese Welt erschaffen hat, Liebe ist, bleibt eine Glaubensaussage, die in einer unauflöslichen Spannung zur alltäglichen Welterfahrung steht.

Für Schneider „ist die Offenbarung der Liebe ein personales Wort an den, der glaubt, der zu glauben vermag, kein Wort an die Kreatur, die Räume, die Gestirne, auch nicht an die Geschichte (so paradox das zu sein scheint). Aus einer unbegrenzbaren kosmischen Dunkelwolke schimmert schwach ein einziger Stern; das muss uns genug sein; mehr ist nicht geoffenbart." Der Apostel Paulus hat demgegenüber in Römer 8 die Hoffnung geäußert, dass auch die Kreatur, die sich mit uns ängstigt, ihrer Erlösung entgegengeht und aus der Knechtschaft der Vergänglichkeit zu der herrlichen Freiheit der Kinder Gottes geführt wird. Das freilich ist und bleibt eine Hoffnung wider alle Hoffnung.

Literatur: Reinhold Schneider, Winter in Wien. Aus meinen Notizbüchern 1957/58. Mit der Grabrede von Werner Bergengruen, einer Porträtaufnahme sowie einer Wiedergabe der Totenmaske des Dichters, Verlag Herder, Freiburg i.Br. [4]2003.

„Kill your Idols!“

Vielleicht haben Sie so ein T-Shirt schon mal gesehen: Es zeigt den Gekreuzigten, Jesus mit der Dornenkrone, in schablonenhaftem Schwarz-Weiß-Druck, mit einem Gesichtsausdruck, der an das berühmte Che-Guevara-Foto von Alberto Diaz erinnert. Das Bild trägt die Unterschrift: „Kill Your Idols“ – töte deine Idole. Axel Rose von der Hard-Rock-Band Guns N'Roses hat ein solches T-Shirt früher öfters bei seinen Auftritten getragen. „Kill Your Idols“ war auch der Name einer New Yorker Hardcore-Band, die sich 2007 aufgelöst hat. Und auch die Assoziation mit Che Guevara kommt nicht von ungefähr, gibt es doch auch ein Che-Guevara-T-Shirt mit dem Schriftzug „Kill Your Idols“.

Jesus und Che Guevara als Pop-Ikonen. Beide waren je auf ihre Weise Sympathieträger der Hippiebewegung und der Jugendrevolte der 68er Generation, die von einer besseren und gerechteren Welt träumte, von einer utopischen Gesellschaft der universalen Liebe und des Friedens. Dass der Eine den Weg der Gewaltlosigkeit ging und der Andere den revolutionären Kampf mit Waffengewalt führte, wurde nicht immer als Widerspruch empfunden. Christentum und Sozialismus konnten durchaus eine Verbindung eingehen.

Der Punk und Hardrock der 80er und 90er Jahre hinterfragt alle Ideale, auch die der 68er Generation. Der Schlachtruf „Kill Your Idols“ richtet sich nicht nur gegen die Religion, sondern auch gegen die säkularen Idole. In ihrem Song „Jesus loves you but I don't", erschienen auf dem Album „Powertrippin'" 1993, singt die schottische Rockband „The Almighty":

Jesus loves you
But I don't
Jesus loves you
Kill your idols

Religion induced insanities
Pained by beliefs
Pained by beliefs
That I don't believe anymore

Übersetzt heißt das: „Jesus liebt euch, ich aber nicht. Jesus liebt dich. Tötet eure Idole. Religion trieb in den Wahnsinn, quälte mit Glaubensvorstellungen, quälte mit Glaubensvorstellungen, an die ich nicht mehr glaube."

Kill Your Idols: War es vielleicht das, was Judas durch den Kopf ging, als er sich dazu entschloss, Jesus zu verraten? Über seine Motive wird seit biblischen Zeiten gerätselt. Niemand hat Judas zum Verrat gezwungen, niemand ihn angestiftet oder erpresst. Matthäus, Markus und Lukas behaupten, es sei Geld geflossen. Doch dass Judas lediglich aus materiellen Motiven gehandelt hätte, lässt sich aus den Evangelien nicht schließen.

Möglicherweise hat Judas aus abgrundtiefer Enttäuschung gehandelt. Er hatte Jesus glühend als den von Israel ersehnten Messias verehrt und sich ihm angeschlossen. Doch sollte sich herausstellen, dass Jesus nicht der politische Führer war, der die Römer vertreiben und ein irdisches Gottesreich errichten würde. Angesichts seiner Leidensbereitschaft und der sich ankündigenden Passion sah Judas seine Messiashoffnungen, die er in Jesus gesetzt hatte, endgültig enttäuscht.

Das alles sind Mutmaßungen. Letztlich bleibt der Verrat des Judas ein Rätsel, das die Evangelien nicht auflösen. Sie rücken die Tat des Judas, mit dem es ein schlimmes Ende nimmt, in eine theologische Perspektive. Die Schuld des Verrates wiegt schwer, aber er gehört in den dunklen Heilsplan Gottes, nach dem Jesus am Kreuz sterben muss, um so die Macht der Sünde und des Todes zu brechen.

Am Kreuz auf Golgatha wird nicht nur das bisherige Idol des Judas getötet, vielmehr werden überhaupt alle falschen Gottesbilder und Heilsutopien zerstört. Der Tod Jesu ist der Inbegriff radikaler Ideologiekritik, auch an allen falschen Jesusbildern, die es außerhalb wie innerhalb der Kirche gibt.

Johannes Calvin, der Reformator von Genf, hat das menschliche Herz eine Götzenfabrik genannt. Nicht nur, dass der Platz, der Gott allein in unserer Welt und unserem Herzen gebührt, von uns durch andere Idole besetzt wird. Wir machen uns auch von Gott selbst immer wieder ein falsches Bild. Wir wollen ihn nach unserem Bilde formen, statt uns nach seinem Bilde formen zu lassen, wie Jesus es getan hat.

Wenn es stimmt, dass Gott selbst in Jesus Christus war und somit selbst am Kreuz den Tod auf sich genommen hat, dann hat die Parole „Kill Your Idols" – recht verstanden – einen zutiefst theologischen Sinn.

„Mein Gott, mein Gott, warum hast du mich verlassen?"

Der Tod Jesu und die Frage nach Gott

Menschen fragen nach Gott, wenngleich aus höchst unterschiedlichen Motiven. Manche fragen nach Gott in ihrer Not, in Krankheit und Leid oder auch, weil sie am Sinn des Lebens zweifeln. Andere fragen, ob Gott überhaupt existiert. Ließe sich seine Existenz mit dem Elend der Welt vereinbaren? Müsste man gegen einen Gott, der all das zulässt, nicht im Namen jener Liebe und Güte protestieren, die der christliche Glaube dem biblisch bezeugten Gott zuschreibt?

Während manche die Frage nach der Existenz Gottes für die äußerste Zuspitzung der Gottesfrage halten, scheint sie anderen inzwischen überhaupt abhanden gekommen zu sein. Ihnen ist Gott nicht einmal mehr in Form einer Frage präsent. Auch sie mögen sich mit der Sinnfrage abplagen, aber dass nur Gott eine wahrhaft befriedigende Antwort auf die Frage nach dem Sinn des Lebens sei, will ihnen nicht einleuchten.

Ist derjenige, der wenigstens (noch) nach Gott fragt, ihm näher als derjenige, der die Frage nach Gott gar nicht (mehr) stellt? Ist die Frage nach Gott eine Vorstufe oder eine latente Form des Glaubens oder Ausdruck des Unglaubens?

„Zu einer Antwort, die man nicht aussprechen kann, kann man auch die Frage nicht aussprechen", notierte

Ludwig Wittgenstein in seinem Tractatus logico-philosophicus. „Wenn sich eine Frage überhaupt stellen lässt, so kann sie auch beantwortet werden." Geht folglich auch die Antwort der Frage nach Gott voraus? Ist sie in ihr immer schon enthalten? Kommt demnach auch der Glaube vor dem Unglauben, ganz so, wie nach Wittgenstein die Gewissheit vor dem Zweifel kommt? Wer aber gibt auf die vom Menschen gestellte Gottesfrage die Antwort, und zwar die richtige, die gültige und wahrheitsgemäße? Ist es der Mensch oder nicht vielmehr Gott selbst? Doch wo und wie beantwortet Gott die Frage nach ihm? Beantwortet er sie überhaupt in der Weise, wie sie von uns Menschen gestellt wird?

Wie steht es überhaupt mit der so genannten Gottesfrage in der Bibel, im Neuen Testament und vor allem bei Jesus selbst? Jesus redet von Gott und in seinem Namen, er spricht zu Gott im Gebet, aber er stellt nicht im modernen Sinne die Frage nach Gott. Der christliche Glaube sieht in ihm den Christus und Sohn Gottes, das Wort Gottes in Person. Wer von sich sagt: „Ich und der Vater sind eins", oder wem dies wie Jesus im Johannesevangelium nachgesagt wird, der hat keine Gottesfrage, sondern eine ungebrochene Gottesgewissheit und einzigartige Gottesbeziehung. Friedrich Schleiermacher attestierte Jesus eine Kräftigkeit des Gottesbewusstseins, mit der sich eine offene Gottesfrage, ein Zweifel an der Existenz Gottes, wohl kaum vertrüge.

Und dennoch bricht auch bei Jesus die Frage nach Gott auf, ganz elementar und existentiell, nämlich in der letzten Stunde seines Lebens, wo er scheinbar von Gott und aller Welt verlassen am Kreuz hängt. Nach der Darstellung des Markusevangeliums stirbt Jesus mit dem Schrei: „Mein Gott, mein Gott, warum hast du mich verlassen?" (Markus 15,34). Gerade darin ist er wahrer Mensch, dass er nach Gott fragt, mehr noch, nach ihm ruft und schreit. Darin ist er uns gleich geworden, dass er, der sich ganz mit Gott eins wusste, die Erfahrung der Verborgenheit Gottes geteilt hat, der sich Menschen entzieht und sie gänzlich im Stich zu lassen scheint.

Das Gebet in höchster Todesnot ist der Ort und die Weise, auf welche der sterbende Jesus nach Gott fragt: Mein Gott, mein Gott, warum hast du mich verlassen? In dieser Form gehört die Gottesfrage zur Passion Jesu.

Allerdings wissen wir nicht, was sich historisch genau bei der Kreuzigung Jesu abgespielt hat. Offenbar ist es der Evangelist Markus, welcher in seiner Schilderung der Ereignisse aus theologischen Gründen dem sterbenden Jesus das zitierte Wort in den Mund gelegt hat. Bemerkenswert ist jedenfalls, dass es sich bei diesem letzten Ausspruch Jesu unmittelbar vor Eintritt des Todes wiederum um ein Zitat handelt, nämlich um einen Vers aus dem 22. Psalm.

Der Umstand, dass Jesus von Nazareth nach der markinischen Darstellung ausgerechnet mit einem alttestamentlichen Bibelwort auf den Lippen stirbt, ist für die christliche Sicht seines Todes ebenso bedeutsam wie für die christliche Deutung menschlichen Leidens überhaupt. Es handelt sich hier um einen doppelten Interpretationsvorgang. Einerseits wird das Leiden und Sterben Jesu im Licht des 22. Psalms, der Klage eines unschuldig leidenden Gerechten, gedeutet. Andererseits wird der Kreuzestod

Jesu als letzte Antwort auf die alttestamentliche Frage nach dem Sinn des Leidens und der Erfahrung möglicher Gottverlassenheit verstehbar. Die jüdische Weise, sich zum Leiden zu verhalten, für welche die Gestalt des Hiob beispielhaft ist, erhält im Licht des Kreuzestodes Jesu einen neuen Sinn.

Jesu Klageruf in der Agonie – im Markusevangelium wie im Matthäusevangelium übrigens das einzige Wort Jesu am Kreuz – wird von den Umstehenden nicht verstanden. Markus wie Matthäus zitieren Psalm 22,2 im aramäischen Wortlaut, der Anlass zu einem Missverständnis bietet. Jesu angstvoller Schrei: „Eloi, Eloi, lema sabachthani?“ wird von den Umstehenden missdeutet, als rufe Jesus den Propheten Elia vom Himmel zu seiner Rettung. Die Verständnislosigkeit der Menschen unter dem Kreuz versinnbildlicht die Strittigkeit, welcher die christliche Deutung des Todes Jesu bis auf den heutigen Tag ausgesetzt ist und bleiben wird. Das gilt von allen christlichen Deutungen, welche der Tod Jesu im Laufe der Geschichte des Christentums erfahren hat. Und derer gibt es bereits im Neuen Testament mehrere. Wie zur christlichen Sicht des Todes Jesu gehört folglich auch zum christlichen Wirklichkeitsverständnis seine Strittigkeit wesensmäßig hinzu.

In dieser Strittigkeit kommt letztlich auch die Strittigkeit Gottes zum Vorschein. Im Streit um die rechte Deutung des Todes und damit auch des Lebens, der Person und des Wirkens Jesu steht zur Diskussion, wer Gott selber ist und was für ein Gott das ist, nach dem überhaupt sinnvollerweise gefragt werden kann.

Mit Bedacht hat Markus dem sterbenden Christus den Anfangsvers von Psalm 22 in den Mund gelegt. Allerdings ist nun nach der theologischen Absicht seiner Verwendung zu fragen. Stirbt Jesus in völliger Verzweiflung? Historisch ist diese Möglichkeit gewiss nicht auszuschließen. Aber wir fragen im Augenblick ja nach der theologischen Deutung, welche der Tod Jesu durch Markus erfahren hat. Um ihre Absicht zu verstehen, ist es notwendig, dass wir den 22. Psalm bis zu Ende lesen. Er schließt nun nicht mit der verzweifelten Klage, sondern mündet in den Lobpreis Gottes, der wider alle Erwartung am Ende den Beter aus dem Rachen des Todes errettet hat. „Verkünden", so heißt es in Psalm 22,23-25, „will ich deinen Namen meinen Brüdern, inmitten der Gemeinde will ich dich preisen: ‚Die ihr den Herrn fürchtet, preiset ihn! Ihr alle vom Stamme Jakobs, ehret ihn, bebet vor ihm, ihr alle vom Stamme Israels! Denn er hat nicht verachtet noch verabscheut des Elenden Elend und nicht sein Angesicht vor ihm verborgen, und da er zu ihm schrie, hat er ihn erhört.'"

Die Möglichkeit, dass Jesus in völliger Verzweiflung starb, wird nicht dadurch ausgeschlossen, dass Markus in irgendeiner Weise andeutet, Jesus selbst habe den 22. Psalm bis zum Ende gebetet. Sondern es ist die christliche Gemeinde, welche dies in ihrem Gottesdienst tut im Glauben an die Auferweckung Jesu von den Toten. Der Glaube an die Auferstehung des Gekreuzigten ist also die Voraussetzung dafür, dass Markus das Leiden und Sterben Jesu überhaupt im Lichte von Psalm 22 deuten kann. Erst die Auferweckung des Gekreuzigten erschließt die Bedeutsamkeit seines Todes im Sinne des christlichen Glaubens.

Sie ist die Antwort, die Gott selbst auf die Gottesfrage des sterbenden Christus gibt.

Die exegetische Feststellung, dass der Glaube an die Auferweckung Jesu die sachliche Voraussetzung der neutestamentlichen Darstellung seines Leidens und Sterbens ist, schwächt allerdings nicht die bei Markus beschriebene Gottverlassenheit Jesu am Kreuz ab. Die dem christlichen Glauben gewisse Auferweckung Jesu mildert nicht die Härte seines Todes. Nach Darstellung der Evangelien wird der Auferstandene an seinen Wundmalen erkannt. Es ist der auferweckte Gekreuzigte, an den wir Christen glauben.

Aus der Perspektive des Glaubens gewinnt freilich auch die so genannte Gottesfrage eine völlig andere Gestalt. Mit einem Mal sind nämlich nicht mehr wir es, die nach Gott fragen, sondern es ist nun Gott, der nach uns fragt. Die eigentliche Gottesfrage ist Gottes Frage nach uns. Die Antwort besteht darin, dass wir erkennen, wie wir von Gott erkannt sind (1. Korinther 13,12). Unversehens sieht sich das nach Gott fragende Subjekt selbst in Frage gestellt. Aber nicht, dass nun die abstrakte Frage nach Gott durch die nicht minder abstrakte Frage nach dem Menschen ersetzt würde. Gottes Frage lautet nicht: „Was ist der Mensch?“, sondern: „Adam, wo bist du?“. Gott fragt konkret nach einem jeden von uns. Er meint mich und dich.

Das war auch die Pointe der reformatorischen Erkenntnis Luthers. Seine ursprüngliche Frage nach dem gnädigen Gott war ohnehin radikaler als die moderne Frage nach der Existenz Gottes. Doch die eigentliche Radikalität seiner reformatorischen Erkenntnis bestand darin, dass auch noch die leidenschaftliche Frage nach dem gnädigen Gott falsch gestellt ist. Sie ist nämlich immer noch eine Form der menschlichen Selbstbehauptung und sündigen Selbstbezogenheit, die am Kreuz Christi scheitert und gerichtet wird.

Der Theologe Walter Mostert hat das so ausgedrückt: „Die Frage: Wie erdenke, wie erschaffe ich mir einen gnädigen Gott? ist in anthropologischem Gewande eine theologische Frage: Gott wird als Gott gerade in der Überwindung dieser Frage identifiziert." Die Überwindung dieser Frage: Das heißt Auferstehung.

Er aber sprach kein Wort mehr

Vom Schweigen Gottes

Gleich in der Frühe fassten die Hohenpriester mit den Ältesten und Schriftgelehrten, der ganze Hohe Rat einen Beschluss. Sie ließen Jesus fesseln und abführen und lieferten ihn Pilatus aus. Und Pilatus fragte ihn: „Bist du der König der Juden?" Er aber antwortete ihm: „Du sagst es." Und die Hohenpriester brachten viele Anklagen gegen ihn vor. Da fragte ihn Pilatus wieder: „Willst du denn nichts dazu sagen? Sieh doch, wie viele Anklagen sie gegen dich vorbringen." Jesus aber gab keine Antwort mehr, so dass sich Pilatus verwunderte.
(Markus 15,1-5)

Der Rest ist Schweigen.

„Wovon man nicht sprechen kann, darüber muss man schweigen" lautet der letzte Satz in Ludwig Wittgensteins berühmtem „Tractatus logico-philosophicus". Wittgenstein, einer der bedeutendsten Philosophen des 20. Jahrhunderts, stammte bekanntlich aus einer angesehenen reformierten Industriellenfamilie in Wien. Während er selbst im katholischen Glauben erzogen wurde, war sein gleichnamiger Onkel Gemeindevertreter in der reformierten Gemeinde.

Wovon aber kann man nach Wittgensteins Ansicht nicht sprechen? Wovon muss man schweigen? Es handelt sich um den Sinn der Welt, um das Ethische und das

Ästhetische und im Letzten um – Gott. Wittgenstein arbeitete am Tractatus während des Ersten Weltkriegs, zum Teil in italienischer Kriegsgefangenschaft. Vielen Menschen ist in der Kulturkatastrophe des Ersten Weltkriegs, welche doch nur das Vorspiel zu einer noch schlimmeren Hölle sein sollte, nicht nur ihr Glaube an Gott zerbrochen. Manche sind innerlich selbst zerbrochen, wie zum Beispiel der Dichter Georg Trakl, dessen Gönner und Förderer Wittgenstein war. Die Tagebücher Wittgensteins aus dieser Zeit zeigen uns freilich einen tief religiösen Menschen. Doch im Sinne seines damaligen Philosophieverständnisses ist Gott unaussprechlich. Nicht dass Wittgenstein seine Existenz leugnen würde. „Es gibt", notiert er im Tractatus, „allerdings Unaussprechliches. Dies *zeigt* sich, es ist das Mystische."

Mit solcher Mystik wollten Wittgensteins damalige philosophische Freunde, die Vertreter des so genannten Wiener Kreises, die für ein den modernen Naturwissenschaften verpflichtetes Denken, den Logischen Positivismus, eintraten, nichts zu schaffen haben. Unwirsch schrieb Otto Neurath in einer Rezension des Tractatus: „Wenn man schweigen muss, so schweige man, aber nicht über etwas." Nicht genug, dass man über Gott nicht sprechen kann, soll man ihn besser nicht einmal ignorieren. Man sollte nicht nur von Gott schweigen, sondern schon das bloße Wort „Gott" lieber gar nicht erst in den Mund nehmen.

Die moderne Philosophie zieht es in der Tat weithin vor, von Gott zu schweigen. Und vielleicht tut sie sogar gut daran, wenn sie bei ihrer Sache bleiben will, die eben nicht die Sache des Glaubens und der Theologie ist. Das philosophische Schweigen von Gott nimmt vielleicht das Gebot, wonach wir den Namen Gottes nicht unnützlich führen sollen, ernster als so manche fromme Predigt oder kirchliche Verlautbarung, die bedenkenlos im kirchlichen Jargon vom lieben Gott spricht, als ob dies die selbstverständlichste Sache der Welt wäre.

Viele Angehörige der Generation, welche nicht nur den Ersten, sondern auch den Zweiten Weltkrieg, die Hölle von Stalingrad, die Barbarei des Nationalsozialismus und die unfassbare planmäßig und mit logischer Kälte betriebene Ermordung von sechs Millionen Juden, aber auch den Abwurf der ersten Atombomben über Hiroshima und Nagasaki miterlebt hat, haben es nicht mehr gewagt, von Gott zu sprechen. Sie hielten und halten es bis heute für unmöglich, für sinnloses Geschwätz oder für eine Verhöhnung der Opfer all der aufgezählten Gräueltaten, die freilich nicht von Gott, sondern von Menschen begangen wurden. Doch was, so fragen sie, sollte das für ein Gott sein, in dessen Welt dies alles möglich ist? Wäre es – um seiner Güte willen! – nicht besser, die Existenz eines solchen Gottes zu bestreiten, als zu sagen: Bei Gott ist kein Ding unmöglich, nicht einmal dieses?

Die Zeit, so sagt man, heilt Wunden. Das trifft in vielen Fällen zu. Aber es gibt Wunden, die im vergangenen Jahrhundert geschlagen wurden und bis heute nicht verheilt sind. Wunden, an die uns zum Beispiel der 9. November erinnert, an dem 1938 mit der so genannten Reichskristallnacht die Verfolgung der Juden in aller Öffentlichkeit begann, um in den Gaskammern von Auschwitz und Treblinka zu enden. Ist es angesichts dieser Geschehnisse, angesichts auch der Mitschuld nicht nur einzelner Christen, sondern auch der Kirchen am Holocaust, nicht besser, von Gott zu schweigen? Oder anders gefragt: Leidet nicht die Glaubwürdigkeit kirchlicher Rede von Gott bis heute daran, dass die Schuld der Kirchen verdrängt wird, die sie nicht allein während der Zeit des Nationalsozialismus, sondern überhaupt im Verlauf ihrer Geschichte – nach Goethe ein Mischmasch aus Irrtum und Gewalt – auf sich geladen hat?

Viele klagen freilich nicht nur die Kirchen, sondern Gott selbst an. Wo warst du, Gott?, hat der Kriegsheimkehrer Wolfgang Borchert in seinem Theaterstück „Draußen vor der Tür" eindringlich gefragt. Wo warst du, als die Hölle in Stalingrad tobte und sich in den Konzentrationslagern die Leichenberge türmten und in ihren Krematorien ein ganzes Volk in Rauch aufging? Da hat sich Gott nicht länger, wie der frühe Wittgenstein meinte, als das zwar Unaussprechliche, aber Mystische gezeigt, sondern offenbar selbst in Schweigen gehüllt. Und viele Menschen glauben, er sei damals endgültig verstummt, auch wenn in den Kirchen immer noch oder wieder ganz unbefangen von ihm geredet wird, so als sei nichts geschehen.

Aber haben die Agnostiker oder Atheisten Recht? Werden sie nicht durch den heute zu verzeichnenden Boom einer neuen Religiosität und Spiritualität Lügen gestraft? Schluss mit allem düsteren Nihilismus! Eine neue Zeit, das New Age, ist angebrochen! Wir machen die überwältigenden Erfahrungen einer neuen Mystik! Wir erweitern unser Bewusstsein, stoßen vor in neue innere Welten und geistige Sphären, die höher sind als all unsere alltägliche Vernunft! In uns schlummern die Kräfte des großen

Weltgeistes, sie wollen nur geweckt werden! Sie können es selbst, wenn Sie nur daran glauben! Die Anleitung dazu finden Sie in unserem Buch- und Kassettensortiment gleich rechts neben der Kassa.

Wo sind nun alle, die von einem religionslosen Zeitalter orakelt haben, vom Absterben der Religion? Religion ist „in". Esoterikläden breiten sich über die Stadt aus. Das Interesse an östlichen Religionen, am Reinkarnationsglauben, aber auch an so genannten alternativen Heilmethoden mit esoterischem Hintergrund ist merklich gestiegen. Sieht so das Ende der Religion aus?

Freilich sollte man die neue Religiosität nicht überschätzen. Sie ist in gewissen Bildungs- und Einkommensschichten zu finden, aber ganz gewiss nicht ein Massenphänomen. Die Leut', wie man in Wien so sagt, sind heute nicht massenhaft religiös. Viele von ihnen praktizieren einen Gewohnheitsatheismus, der sich um Gott, Religion und Kirche nicht schert, ohne bestreiten zu wollen, dass es irgendetwas Höheres gibt. Aber wenn, dann spielt diese höhere Macht im persönlichen Leben keine Rolle.

Was aber die neue Religiosität betrifft, so handelt es sich um einen nachchristlichen Synkretismus, der im Kern eine Religion ohne Gott ist. Jedenfalls bezieht sie sich nicht auf den biblischen Gott, sondern auf einen unpersönlichen Weltgeist, eine höhere Macht oder universelle Kraft, die alles erfüllt. Die neue Spiritualität ist eine Neuauflage des Pantheismus, für den Gott und die Welt letztlich zusammenfallen. Die Welt wird vergöttlicht und religiös überhöht. Aber der biblische Gott, ein von der Welt unterschiedener Gott, verflüchtigt sich im mystischen Schweigen.

Und was ist mit den Opfern der Geschichte? Wo kommen sie im neuen religiösen Zeitalter vor? Wendezeiten, so lesen wir bei ihren Propheten, verlangen nun einmal Opfer. Und gemeint sind Aids-Tote oder die Opfer von Völkermord und Bürgerkrieg. Und so liest sich dann der Reinkarnationsglaube moderner Esoteriker: Wer weiß, ob Leid und qualvoller Tod nicht die Konsequenz eines schlechten Karma sind, die Summe böser Taten in irgendeinem Vorleben, so dass diejenigen, die zu Opfern der Gewalt werden, letztlich selbst schuld an ihrem Schicksal sind. Doch da ist kein Gott, der ihr Schreien hören würde. Und wenn es ihn gibt oder je gegeben hat, so schweigt er.

Die Erfahrung des Schweigens Gottes, der Gottesfinsternis, wie Martin Buber es genannt hat, gehört zu den Kennzeichen des 20. Jahrhunderts. Wir haben sie vielleicht auch schon persönlich gemacht, in Zeiten schwerer Krankheit, beim scheinbar sinnlosen Tod eines uns nahestehenden Menschen. Vor allem aber in der Weise, dass uns der Sinn der Welt und der Geschichte fraglich geworden ist, weil sich ein klares Ziel oder irgendein Fortschritt in ihr nicht mehr erkennen lässt. Doch wenn wir tatsächlich glauben, von einem Schweigen Gottes sprechen zu müssen, wie ist dieses dann zu deuten? Als Zeichen von Gottes Abwesenheit oder möglicherweise als beunruhigende Erfahrung seiner Nähe? Hat Gott in den dunklen Stunden dieses Jahrhunderts oder auch unseres persönlichen Lebens geschwiegen, weil er sich von uns abgekehrt hat – oder vielleicht, weil wir selbst ihn zum Schweigen gebracht haben?

Wie Gott von uns zum Schweigen gebracht wird, zeigt uns der Lebens- und Leidensweg Jesu von Nazareth.

Durch ihn hat Gott gesprochen. Er hat den Menschen nicht nur von Gott gepredigt und erzählt, sondern er redete und handelte in seinem Namen. Indirekt, nämlich durch Jesus, spricht Gott in den Evangelien. Das Johannesevangelium bezeichnet Jesus sogar als Gotteswort in Person. Es fällt auf, dass Gott selbst fast nirgends in den Evangelien spricht, höchstens in Gestalt eines Engels im Rahmen der Geschichten von der Geburt Jesu und ihrer Ankündigung. Lediglich an einer einzigen Stelle, die allerdings für das Verständnis Jesu ganz wesentlich ist, wird berichtet, man habe Gott direkt sprechen hören, nämlich bei der Taufe Jesu. Nachdem Johannes der Täufer die Taufe vollzogen hat, öffnet sich der Himmel, und während Jesus – aber nur er! – den Heiligen Geist wie eine Taube auf sich herabkommen sieht, ist eine Stimme zu hören, die Stimme Gottes. Während nach Markus und Lukas nur Jesus selbst diese Stimme hört, ist sie nach der Darstellung des Matthäus auch von den Umstehenden zu vernehmen. Sie spricht „Du bist“ bzw. „Dies ist mein geliebter Sohn, an dem ich Wohlgefallen habe.“ Jesus wird bei seiner Taufe also öffentlich zum Stellvertreter Gottes ausgerufen. Wer Gott sprechen hören will, soll auf ihn hören.

Doch was Jesus zu sagen hat, ist nicht unbedingt das, was die Menschen von Gott erwarten. Er kündigt den Anbruch der Gottesherrschaft an, die mit bestehenden Unrechtsverhältnissen, mit religiösen und sozialen Klassengegensätzen ein Ende machen wird. Er spricht auch jenen die Vergebung der Sünden bzw. die Liebe Gottes zu, die dafür scheinbar nicht die von der Religion festgelegten Voraussetzungen erfüllen. Was den Sündern, den Ausgegrenzten und Hoffnungslosen die Stimme der Befreiung ist, bekämpfen die Mächtigen in Staat und Religion als Stimme des Aufruhrs und der Anarchie. Sie wollen diese Stimme zum Schweigen bringen, und zwar endgültig. Der Hohe Rat, damals das höchste religiöse und politische Gremium des Judentums, beschließt seinen Tod und liefert Jesus der Gerichtsbarkeit der römischen Besatzungsmacht aus.

Nun steht Jesus vor Pilatus, der ihn mit der gegen ihn erhobenen Anklage konfrontiert. „Bist du", so fragt Pilatus, „der König der Juden?" Eine mehrdeutige Frage. Ist gemeint, dass Jesus sich als neuer politischer Anführer Israels versteht? Oder als Messias im religiösen Sinne, das heißt als Heilsbringer in der Endzeit? Sprechen also Pilatus und Jesus überhaupt von derselben Sache, wenn Jesus die ihm gestellte Frage beantwortet? Wie auch immer. Jesus antwortet: „Du sagst es." Und das wird bis zu seiner Sterbestunde nach Darstellung des Markus sein letztes Wort sein.

Von nun an schweigt er. Was er zu sagen hatte, hat er im Verlauf seiner öffentlichen Wirksamkeit gesagt. Dem gibt es nichts mehr hinzuzufügen. Die spätere christliche Gemeinde hat Jesu Schweigen im Sinne des Gottesknechtsliedes aus Jesaja 53 gedeutet. Dort lesen wir (Vers 7): „Er wurde misshandelt und beugte sich und tat seinen Mund nicht auf wie ein Lamm, das zur Schlachtbank geführt wird, und wie ein Schaf, das vor seinen Scherern verstummt." Erst in der Stunde seines Todes öffnet Jesus nochmals seinen Mund. Sterbend ruft er nach seinem Gott und klagt mit Worten aus Psalm 22: „Mein Gott, mein Gott, warum hast du mich verlassen?". Zuletzt aber versagen die Worte. Jesus stößt einen lauten Schrei aus, bevor er stirbt. Der Rest ist Schweigen.

Und wo ist Gott? Warum antwortet er nicht auf Jesu verzweifelten Schrei am Kreuz? Wo bleibt die Stimme aus dem Himmel, die wie bei der Taufe Jesu laut würde, die jetzt vielleicht wie die letzte Posaune zum Jüngsten Gericht alle Welt erzittern ließe und mit donnernder Stimme Jesu Feinde, seine Henker und ihre Helfershelfer vernichten würde?

Die Evangelien muten uns den Gedanken zu, dass in der Person des Gekreuzigten Gott selbst zum Schweigen gebracht worden ist. Nicht weil er abwesend wäre, sondern im Gegenteil, weil er ganz gegenwärtig ist, verstummt Gott. Seine Macht ist die Macht der Liebe, die in Jesus von Nazareth menschliche Gestalt angenommen hat. Es ist dies eine ohnmächtige Macht, nicht unwiderstehlich, sondern widerstehlich, verletzbar und zerbrechlich.

Wenn wir diesem Gedanken zu folgen versuchen, dann geht uns auf, dass Gottes Schweigen wie das Schweigen Jesu höchst beredt ist. Es ist und bleibt erfüllt von all den befreienden und umstürzenden Worten, die Jesus zuvor gesprochen hat, von all den Taten, die er im Namen Gottes begangen hat. Dieses Schweigen bleibt erfüllt vom Evangelium, das nun freilich allen zur Anklage wird, nicht nur denen, die Jesus nach dem Leben getrachtet haben, sondern auch seinen Jüngern, die ihn verraten und im Stich gelassen haben. In der Stunde seines Todes sind sie alle Täter, nicht Opfer, diejenigen, die ihm als seine Jünger gefolgt sind ebenso wie seine Gegner.

Und damit beantwortet sich auch die Frage, wo eigentlich wir selbst in der Passionsgeschichte Jesu vorkommen. Wir sind keine unbeteiligten Zuschauer. Wir stehen aber auch nicht auf der Seite des Gekreuzigten, sondern auf der Seite der Täter. Wer aber als Täter Gott sein Schweigen zum Vorwurf machen will, verhöhnt den, den er selbst zum Schweigen gebracht hat, indem er seine Stimme, die sich z.B. im eigenen Gewissen meldet, unterdrückt oder überhört hat.

Fragen wir uns darum auch, wie die Erfahrung des Schweigens Gottes heute zu verstehen ist, wenn wir uns auf der Seite nicht der Opfer, sondern der Täter wissen. Denn dort stehen wir zweifellos, wenn es beispielsweise um den Holocaust geht. Wenn wir als Täter oder deren Nachkommen fragen, wie Gott das zulassen konnte, was wir selbst oder unsere Eltern begangen haben, so sprechen wir uns selbst das Urteil. Und wenn Gott schwieg, so deshalb, weil Menschen seine Stimme unterdrückten. Man brauchte nicht auf eine Stimme vom Himmel zu warten, die dem Morden Einhalt geboten hätte, wo doch in der Bibel schon alles gesagt war, was zu sagen war. „Es ist dir gesagt, Mensch", so konnte man damals und können wir heute im Buch des Propheten Micha (6,8) lesen, „was gut ist und was der Herr von dir fordert, nämlich Gottes Wort halten und Liebe üben und demütig sein vor deinem Gott." Und ähnlich antwortet Gott dem reichen Mann in Jesu Gleichnis vom armen Lazarus, als dieser bittet, jemand aus der Hölle möge seine noch lebenden Brüder warnen: „Sie haben Mose und die Propheten, die sollen sie hören" (Lukas 16,29).

Jesu Schicksal ist freilich mit seinem Verstummen und Gottes Schweigen nicht endgültig besiegelt. Sondern es wird uns berichtet von seiner Auferstehung, und das heißt von der Auferstehung des göttlichen Wortes. Der Tod macht stumm. Doch mitten im Tod bricht Gottes schöpferisches Wort neu hervor. Es ruft den neu ins Leben, der dem Tod preisgegeben war, und verwandelt diejenigen, die von diesem Wort ergriffen werden, so dass sie von Liebe, von Vertrauen und Hoffnung erfüllt werden.

Das quälende Schweigen Gottes, welches über Golgatha lastet, wird durchbrochen, indem ausgerechnet einer der Henker neue Worte findet: „Wahrlich, dieser Mensch ist Gottes Sohn gewesen." Mit diesem Bekenntnis antwortet er jener Stimme, die bei der Taufe Jesu zu hören war: „Dies ist mein geliebter Sohn, an dem ich Wohlgefallen habe." Es gehört zu den Zumutungen der Christusbotschaft, dass sie eine Hoffnung nicht nur für die Opfer, sondern auch für die Täter verkündigt. Dass sich Gottes Gerechtigkeit gegen allen Augenschein durchsetzt, soll die Hoffnung nicht nur für die Opfer, sondern auch für die Täter sein, freilich nur um den Preis einer radikalen Verwandlung, auf dass die Täter nicht ein zweites Mal über ihre Opfer triumphieren.

Das freilich ist keine billige Gnade, keine Generalamnestie, welche den Unterschied zwischen Täter und Opfer verwischt, sondern eine teure Gnade, die nur um den Preis schmerzvoller Umkehr und Erneuerung zu haben ist. Wir alle sollen verwandelt werden, freilich nur so, dass der alte Mensch, der Gott in sich und in der Welt zum Schweigen bringt, indem er sich an seinem Mitmenschen vergreift und sich ständig nur selbst auf Kosten anderer behaupten will, stirbt und ein neuer Mensch ersteht.

Von Gott können wir nur sprechen, wenn er selbst auf neue Weise zur Sprache kommt. Dass dies auch heute geschehen kann, bleibt die Verheißung der biblischen Überlieferung, die uns zugemutet wird. Es gehört zu den Zumutungen des Neuen Testaments, zu glauben, dass selbst die abgründigen Erfahrungen von Gottes Schweigen im 20. Jahrhundert durchdrungen sind vom befreienden Wort des Evangeliums, dass Gottes Schweigen, dessen Erfahrung überhaupt nicht zu leugnen ist, sein Reden nicht dementieren kann. Dass seine Stimme neu gehört wird, richtend und rettend zugleich, dazu muss es zuvor uns die Sprache verschlagen, müssen unsere Worte verstummen, mit denen wir Gott zum Schweigen bringen und übertönen.

Worüber man nicht sprechen kann, so Ludwig Wittgenstein, davon muss man schweigen. Wenn aber Gott sein Schweigen bricht, kommt er auch in menschlichen Worten neu zur Sprache. „Es wird“, wie Dietrich Bonhoeffer in der Haft schrieb, „eine neue Sprache sein, vielleicht ganz unreligiös, aber befreiend und erlösend, wie die Sprache Jesu, dass sich die Menschen über sie entsetzen und doch von ihrer Gewalt überwunden werden, die Sprache einer neuen Gerechtigkeit und Wahrheit, die Sprache, die den Frieden Gottes mit den Menschen und das Nahen seines Reiches verkündigt.“ Darauf dürfen wir hoffen.

Mandorla

Dornenkrone –
Mandorla des Christus triumphans:
Es ist vollbracht!
Vollbracht?
Der Tod die Krönung seines Lebens?

Vielleicht nur deshalb,
weil sich im Leiden
das Bild Jesu
bis zur Unkenntlichkeit verklärt hat?
Ist darum die Aureologe aus Dornen leer?

De mortuis nihil nisi bene:
Da haben die Dornen Rosen getragen,
dogmatische Christrosen.
Dornenkranz –
Mythenkranz,
der sich um den Gekreuzigten rankt?
Durchschaubar?

O ja,
man kann,
man soll durch Jesu Dornenkrone
hindurchschauen.
Wohin fällt der Blick?
Ins Leere?
Ins Offene.

Dornengeflecht –
ein Fenster zum Himmel,
das Jesus aufstieß, als er starb:
Gottes Fenster der Verwundbarkeit.
Dieses Fenster ins Einfallstor
neuen Lebens.
Durch das Dornengestrüpp menschlicher Leiden
bricht das Licht unzerstörbarer Hoffnung.

Es ist vollbracht:
In der Welt habt ihr Angst,
aber seid getrost,
ich habe die Welt überwunden.

„Dem Rad in die Speichen fallen"

Eine Erinnerung an Dietrich Bonhoeffer (1906–1945)

Neben Albert Schweitzer ist Dietrich Bonhoeffer einer der wenigen Theologen, an denen die Zusammengehörigkeit von theologischem Denken und Leben besonders anschaulich wird. Was Karl Barth mit dem Begriff der theologischen Existenz meinte, hat Bonhoeffer auf eindrucksvolle Weise gelebt. Mit Recht gilt Bonhoeffer, der am 4. Februar 1906 in Breslau geboren wurde, heute als einer der bedeutendsten evangelischen Theologen des 20. Jahrhunderts.

Sein Name ist unauslöschlich mit dem politischen Widerstand gegen Hitler und mit der Bekennenden Kirche verbunden, die sich gegen den Versuch der nationalsozialistischen Staatsmacht formierte, die evangelische Kirche „gleichzuschalten". Freilich besteht die Gefahr, diesen evangelischen Märtyrer zu einem Heiligen zu verklären. Respekt vor dem Lebensweg Bonhoeffers und Sachkritik an manchen seiner theologischen Positionen schließen einander nicht aus. Das betrifft zum Beispiel seine Idee der Stellvertretung Christi, welche nach Ansicht von Klaus-Michael Kodalle in ihrer Verallgemeinerung der säkularen und theologischen Ideologie des Opfers Tür und Tor öffnet.

Die Stilisierung Bonhoeffers zu einem evangelischen Heiligen ist zum Teil durch Bonhoeffer selbst begünstigt worden. Selbstkritisch schrieb er freilich am Ende seines Lebens, das zeitweilig von ihm angestrebte Ideal eines Heiligenlebens habe sich ihm letztlich als fragwürdig erwiesen. So erinnerte er sich – am Tag nach dem gescheiterten Attentat des 21. Juli 1944 auf Hitler – eines Gespräches, das er 1931 mit einem jungen französischen Pfarrer hatte. „Wir hatten uns ganz einfach die Frage gestellt, was wir mit unserem Leben eigentlich wollten. Da sagte er: Ich möchte ein Heiliger werden (– und ich halte es für möglich, dass er es geworden ist –); das beeindruckte mich damals sehr. Trotzdem widersprach ich ihm und sagte ungefähr: Ich möchte glauben lernen. Lange Zeit habe ich die Tiefe dieses Gegensatzes nicht verstanden. Ich dachte, ich könnte glauben lernen, indem ich selbst so etwas wie ein heiliges Leben zu führen versuchte. Als das Ende dieses Weges schrieb ich wohl die ‚Nachfolge'. Heute sehe ich die Gefahren dieses Buches, zu dem ich allerdings nach wie vor stehe, deutlich."

Selbst unter den Vertretern der Bekennenden Kirche waren nur wenige Theologen bereit, so kompromisslos wie Bonhoeffer gegen den Nationalsozialismus zu kämpfen und so entschieden gegen die Verfolgung der Juden aufzutreten. Karl Barth hatte Theologie und Kirche aufgefordert, unbeirrt durch die tagespolitischen Ereignisse so bei der Sache des christlichen Glaubens zu bleiben wie die Benediktinermönche in Maria Laach ihren täglichen Horengesang fortsetzten. „Nur wer für die Juden schreit", konterte Bonhoeffer, „darf gregorianisch singen." Bereits im April 1933 forderte er öffentlich, „nicht nur die Opfer unter dem Rad zu verbinden, sondern dem Rad selbst in die Speichen zu fallen". Das Predigerseminar der Bekennenden Kirche in Finkenwalde, einem Vorort von Stettin, in dem Bonhoeffer seit April 1935 als Studienleiter tätig war, wurde von der Polizei 1937 geschlossen, setzte seine Arbeit aber noch bis 1940 illegal fort.

Im Sommer 1939 hielt sich Bonhoeffer in den USA auf, wo er zweifellos eine erfolgreiche akademische Laufbahn vor sich gehabt hätte. Sehenden Auges kehrte er jedoch kurz vor Kriegsausbruch von New York nach Deutschland zurück. Bereits seit 1938 wusste Bonhoeffer, der aus einer großbürgerlichen Familie stammte – sein Vater Karl war ein bekannter Professor für Psychiatrie und Neurologie, seine Mutter Paula eine Enkelin des Kirchenhistorikers Karl-August von Haase – durch Verwandte von Staatsstreichplänen gegen das Regime Hitlers. Im Oktober 1940 trat er dem Amt Ausland/Abwehr im Oberkommando der Wehrmacht, das von Admiral Canaris geleitet wurde, als unbezahlter V-Mann bei. Am 5. April 1943 wurde Bonhoeffer in Berlin verhaftet. Kurz zuvor hatte er sich mit Maria von Wedemeyer verlobt. Erst nach dem fehlgeschlagenen Attentat vom 20. Juli 1944 wurde den Behörden das Ausmaß von Bonhoeffers Widerstandsaktivitäten bekannt. Auch andere Familienmitglieder gehörten zur Widerstandszelle um Canaris, so Bonhoeffers Bruder Klaus sowie seine beiden Schwager Rüdiger Schleicher und Hans von Dohnanyi, die zum Tode verurteilt oder umgebracht wurden. Bonhoeffer selbst wurde Anfang Februar 1945 von Berlin-Tegel zunächst ins Konzentrationslager

Buchenwald, von dort zwei Monate später ins Konzentrationslager Flossenbürg im Bayrischen Wald geschafft. Dort fällte ein Standgericht über ihn, Canaris und weitere Widerstandskämpfer das Todesurteil. Es wurde am 9. April 1945 durch Erhängen vollstreckt. „Das ist das Ende – für mich der Beginn des Lebens" waren Bonhoeffers letzte Worte, die uns vor seinem Abtransport aus dem Gefängnis Tegel überliefert sind.

Bonhoeffer war nicht nur ein glaubwürdiger christlicher Zeuge im Kampf gegen den Nationalsozialismus, sondern auch eine theologische Ausnahmeerscheinung. Bereits mit vierzehn Jahren beschloss er, Theologie zu studieren. Studienorte waren Tübingen und Berlin. Bereits mit 21 Jahren wurde er promoviert. Wenige Monate später legte er das Erste Theologische Examen ab, 1930 das Zweite Theologische Examen, das seine Vorbereitungszeit für den Pfarrdienst beendete. Noch im selben Jahr, gerade erst 24 Jahre alt, habilitierte sich Bonhoeffer für Systematische Theologie an der Humboldt-Universität zu Berlin. 1936 wird ihm jedoch von den Nazis die Lehrbefugnis entzogen, 1940/41 folgt ein Rede- und Schreibverbot.

Gelebtes Christentum und akademische Theologie bilden in Bonhoeffers Leben und Werk keinen Gegensatz, sondern eine organische Einheit. Mehrere seiner Bücher, darunter die 1937 erschienene „Nachfolge", eine Auslegung der Bergpredigt, sind meditative Bibelauslegungen in ethischer und pastoraltheologischer Absicht. Bis zu seiner Verhaftung arbeitet Bonhoeffer an seiner „Ethik". Das Werk bleibt unvollendet. Die erhaltenen Manuskripte werden nach Kriegsende von Bonhoeffers engstem Freund

und Biographen Eberhard Bethge veröffentlicht. Es gehört bis heute zu den wichtigsten Werken theologischer Ethik.

Weit über theologische Fachkreise hinaus wirkten aber Bonhoeffers Briefe und Aufzeichnungen aus der Haft, die sein Freund Bethge postum unter dem Titel „Widerstand und Ergebung" herausgegeben hat. In ihnen formulierte Bonhoeffer aufregende Gedanken zur Zukunft des Christentums in einer säkularen, „mündigen" Welt, die bis heute nichts von ihrer Sprengkraft verloren haben. In Gedanken zur Taufe seines Patenkindes Dietrich Wilhelm Rüdiger Bethge schrieb Bonhoeffer im Mai 1944, die Christen seien „wieder ganz auf die Anfänge des Verstehens zurückgeworfen". Dieser Text ist für mich bis heute einer der ganz zentralen Bonhoeffer-Texte: „Du wirst heute zum Christen getauft. Alle die alten großen Worte der christlichen Verkündigung werden über dir ausgesprochen, ohne dass Du etwas davon begreifst. Aber auch wir selbst sind wieder ganz auf die Anfänge des Verstehens zurückgeworfen. Was Versöhnung und Erlösung, was Wiedergeburt und Heiliger Geist, was Feindesliebe, Kreuz und Auferstehung, was leben und Christus und Nachfolge Christi heißt, das alles ist so schwer und fern, dass wir es kaum mehr wagen, davon zu sprechen. In den überlieferten Worten und Handlungen ahnen wir etwas ganz Neues und Umwälzendes, ohne es noch fassen und aussprechen zu können."

In diesen Worten verdichtet sich das theologische Grundproblem unserer Epoche, nämlich der mit der neuzeitlichen Entsubstantialisierung des Glaubens einhergehende Verfall seiner Sprache. Dieser Sprachverlust erklärt sich nicht allein aus der Schuld der Kirche im „Dritten Reich“, der Bonhoeffer vorwarf, weithin lediglich um ihren Selbsterhalt gekämpft zu haben. Vielmehr handelt es sich um das Dauerproblem christlicher Theologie in der nachaufklärerischen Moderne. Und Bonhoeffers tastende Suche nach einer „nicht-religiösen Interpretation“ der biblischen Überlieferung bleibt darin von Bedeutung, dass sie eine binnenkirchliche Sondersprache von innen her aufbrechen wollte. Bei ehrlicher Betrachtung ist freilich festzustellen, dass das Sprachproblem der Theologie, welches mit der Krise ihrer traditionellen metaphysischen Denkmodelle verbunden ist, auch bei Bonhoeffer keine befriedigende Lösung gefunden hat. Was aber von Bonhoeffer zu lernen ist, das ist die Bereitschaft zur Redlichkeit, die uns dazu führt, unsere Lage vor Gott wahrhaftiger zu erkennen.

Sprachwissenschaftlich gesprochen ist die Referenz aller Rede von Gott in der Moderne fraglich geworden. Gemessen an diesem Misslingen christlicher Gottesrede sind die modischen Debatten über einen angeblichen Megatrend Religion, durch den Bonhoeffers Prognose einer religionslosen Zeit endgültig widerlegt sei, ein Oberflächenphänomen. Es besteht in diesem Punkt eine sachliche Parallele zwischen der von Bonhoeffer empfundenen Sprachnot des Glaubens und derjenigen, die der Dichter Hugo von Hofmannsthal in seinem 1901 verfassten Brief des Lord Chandos zu artikulieren versuchte. „Mir haben sich“, wie Hofmannsthal seinen Lord Chandos gestehen lässt, „die Geheimnisse des Glaubens zu einer erhabenen Allegorie verdichtet, die über den Feldern meines Lebens steht wie ein leuchtender Regenbogen, in einer stetigen Ferne, immer bereit zurückzuweichen, wenn ich mir einfallen ließe, hinzueilen und mich in den Saum seines Mantels hüllen zu wollen." Wie die Sprache der Religion versiegt Chandos auch die Begriffssprache des philosophischen Denkens: „[...] die abstrakten Worte, deren sich doch die Zunge naturgemäß bedienen muss, um irgendwelches Urteil an den Tag zu geben, zerfielen mir im Munde wie modrige Pilze."

Bonhoeffer hat in wenigen Jahren ein beeindruckendes Werk geschaffen. Seine zu Lebzeiten veröffentlichten Bücher wie auch die etliche Bände umfassende Gesamtausgabe seiner Schriften können jedoch nicht darüber hinwegtäuschen, dass Bonhoeffers Theologie ein Fragment geblieben ist. Bonhoeffer selbst war sich dessen nur zu sehr bewusst. Sein früher gewaltsamer Tod hat es ihm versagt, seine skizzenhaften Überlegungen zum religionslosen Christentum und zur mündigen Welt oder zur „Kirche für andere" systematisch zu entfalten. Mögen seine Gedanken bisweilen auch von eindrucksvoller Geschlossenheit sein, bleiben doch erhebliche Interpretationsspielräume, die in der Geschichte der Bonhoeffer-Rezeption auch zu verschiedenen Vereinnahmungsversuchen geführt haben. Das gilt gerade für Bonhoeffers aphoristische Notizen zur Abwesenheit und zum Tode Gottes oder zur Religionslosigkeit der modernen Welt.

Bonhoeffer selbst hat die Fragmenthaftigkeit seines Lebens in einem Brief an seine Eltern angesprochen. „Aber gerade das Fragment kann ja auch wieder auf eine menschlich nicht mehr zu leistende höhere Vollendung hinweisen.

Daran muss ich besonders beim Tode so vieler meiner besten ehemaligen Schüler denken. Wenn auch die Gewalt der äußeren Ereignisse unser Leben in Bruchstücke schlägt wie die Bomben unsere Häuser, so soll doch möglichst noch sichtbar bleiben, wie das Ganze geplant und gedacht war, und mindestens wird immer noch zu erkennen sein, aus welchem Material hier gebaut werden sollte." An Bethge schrieb er: „Es gibt schließlich Fragmente, die nur noch auf den Kehrichthaufen gehören (selbst eine anständige ‚Hölle' ist noch zu gut für sie), und solche, die bedeutsam sind auf Jahrhunderte hinaus, weil ihre Vollendung nur eine göttliche Sache sein kann, also Fragmente, die Fragmente sein müssen – ich denke zum Beispiel an die Kunst der Fuge [von Johann Sebastian Bach]. Wenn unser Leben auch nur ein entfernter Abglanz eines solchen Fragmentes ist, in dem wenigstens eine kurze Zeit lang die sich immer stärker häufenden, verschiedenen Themata zusammenstimmen und in dem der große Kontrapunkt vom Anfang bis zum Ende durchgehalten wird, so dass schließlich nach dem Abbruch – höchstens noch der Choral: ‚Vor Deinen Thron tret ich hiermit' – intoniert werden kann, dann wollen wir uns auch über unser fragmentarisches Leben nicht beklagen, sondern daran sogar froh werden."

Bonhoeffers Leben und Werk sind ein solches Fragment.

Geboren sein

Was uns zu Personen macht

„Der Begriff der Person", so erklärt der Philosoph Dieter Sturma, „ist die moderne Antwort auf die alte Frage nach dem Selbstverständnis des Menschen." Nachdem der Mensch und das Subjekt in der modernen Soziologie für tot erklärt wurden, bemüht sich seit einiger Zeit die Philosophie der Person um ihre Rehabilitierung. Denkt man nur an den Aufschwung, den die Ethik in den vergangenen Jahren genommen hat, kann das nicht weiter verwundern. Denn weder sich selbst noch ihren Gegenstand kann die Ethik ohne den Begriff der Person beschreiben und erklären.

Was aber macht Personen zu Personen? Und wie kommen sie in die Welt hinein? Eine These, die im Folgenden diskutiert werden soll, lautet: Personen werden geboren. Diese Behauptung schränkt die Verwendung des Personbegriffs deutlich ein. Geboren werden Säugetiere, darunter auch Menschen, nicht aber Vögel oder Reptilien, die aus Eiern schlüpfen, auch nicht die meisten Fischarten und solche Lebewesen, die sich durch Zellteilung vermehren, wie zum Beispiel Amöben oder Pantoffeltierchen, nicht Pflanzen, aber auch keine Maschinen und Computer, nicht Engel – und auch nicht Gott.

Dass es in der christlichen Tradition vom göttlichen Logos heißt, er sei der Sohn, vom Vater in Ewigkeit geboren – geboren, nicht etwa geschaffen –, tut dieser Feststellung keinen Abbruch. Der dreifaltige Gott in seiner Einheit und Selbigkeit ist ungeboren. Die ewige Geburtlichkeit des Logos kann ebenso wie die Personalität von Vater, Sohn und Heiligem Geist nicht univok, sondern bestenfalls nur analog ausgesagt und gedacht werden.

Auch Engel werden nicht geboren und nicht gezeugt. Mit Zeugung und Geburtlichkeit fehlt ihnen aber die Geschlechtlichkeit, „und ohne Geschlechtlichkeit keine Geschichte", wie Søren Kierkegaard lapidar anmerkt. „Selbst wenn Michael alle die Geschäfte aufgezeichnet hätte, zu denen er ausgesandt worden, und die er vollbracht, ist dies ja nicht seine Geschichte." Ob es, wie Kierkegaard überzeugt war – oder sollte ich besser sagen: Kierkegaards Pseudonym Vigilus Haufniensis? – keine Geschlechtlichkeit ohne Sünde beziehungsweise keine Sünde ohne Geschlechtlichkeit gibt, mag hier auf sich beruhen. Engel sind jedenfalls weder männlich noch weiblich, mögen sie auch männliche Vornamen wie „Michael" oder „Gabriel" tragen, und stehen in keiner Generationenfolge – was ihre Sterblichkeit einschlösse.

Auch Roboter und Computer fallen aus der Klasse oder Menge aller möglichen Personen heraus, wenn das Geborensein zum Wesensmerkmal erklärt wird. Von neuen Generationen von Laptops und Maschinen spricht man doch nur in einem übertragenen Sinne. Die Geschichte der Computertechnik und der Robotik ist ein Teil der Menschheitsgeschichte, ein Ausschnitt aus der Geschichte menschlicher Technik und Kultur. Der einzelne Roboter oder Computer aber hat weder Geschichte noch Geschlecht. Er ist nicht gezeugt, sondern gemacht. Das für seine Herstellung verwendete Material wird von außen organisiert für einen Zweck, welcher der Maschine äußerlich ist. Selbst wenn es gelänge, einen Computer oder Roboter herzustellen, der sämtliche Hirnleistungen des Menschen nachahmen und autopoietisch weiterentwickeln könnte, handelte es sich doch nicht um ein geborenes und sterbliches Lebewesen. Allfällige Materialermüdung ist nicht mit dem Altern eines Lebewesens gleichzusetzen, das Vater und Mutter, Herkunft und Biographie hat und sterben muss.

Karbon allein tut's freilich nicht. Es geht also nicht bloß um den Unterschied zwischen Kohlenstoffverbindungen und Silizium, wenn Maschinen mit künstlicher Intelligenz aus dem Kreis der Personen ausgeschlossen werden. Der dem utilitaristischen Speziezismusvorwurf nachgebildete Vorwurf des „carbonism", gegen den Blay Whitby Computer in Schutz nehmen möchte, greift zu kurz, weil er die mit kohlenstoffbasierten Lebensformen verbundene Geburtlichkeit des Leibes und die mit dem spezifischen Stoffwechsel verbundenen Körperzustände, Befindlichkeiten und Alterungsprozesse, aber auch die darauf basierenden Kultur- und Sozialformen, die von der Nahrungsbeschaffung über Bekleidung und Müllabfuhr bis zum Klimaschutz reichen, außer Acht lässt.

Wenn Personen geboren werden, Geborensein also ein Charakteristikum von Personen ist, heißt dies freilich nicht, dass alle Lebewesen, die geboren werden, darum auch schon Personen sind. Mit Ausnahme des Menschen wird Säugetieren üblicherweise das Personsein abgesprochen. Das ist heute zumindest im Fall der Menschenaffen ebenso umstritten wie die Unterstellung, alle Menschen seien Personen. Ob Anenzephale, Wachkomapatienten oder an Alzheimer in fortgeschrittenem Stadium erkrankte Menschen noch als Personen gelten können, wird ebenso gegensätzlich beurteilt wie der Personstatus von Neugeborenen.

Dass Personsein und Menschsein koextensive Begriffe sind, wird in der neueren Diskussion zum Personbegriff mit unterschiedlichen Argumenten bestritten. Demgegenüber hat der englische Philosoph Peter F. Strawson gezeigt, dass „Person" als Begriff eines solchen Typs von Wesen verstanden werden muss, auf die sowohl so genannte „P.-Prädikate" (wie Bewusstseinszustände, Handlungen, Intentionen, Gedanken, Gefühle, Erinnerungen) als auch „M.-Prädikate" (wie körperliche, d.h. raumzeitliche Eigenschaften und Relationen) anwendbar sind. Der Personbegriff ist nach dieser Lesart „logisch primitiv". Er kombiniert nicht etwa ursprünglichere Begriffe wie „Bewusstsein" oder „Körper", sondern beide Prädikatstypen lassen sich unterschiedslos auf ein und dasselbe Referenzobjekt anwenden. Personen sind demnach Lebewesen, die wir triftigerweise als tatsächliche oder mögliche Subjekte von Bewusstsein und als Objekte von wechselseitiger Zuschreibung und Interpretation betrachten. Das aber bedeutet, dass sich die Begriffe „Mensch" und „Person" nicht nur auf dieselben Entitäten beziehen, sondern sich auch gegenseitig interpretieren.

Zwar werden nicht nur Menschen, sondern auch andere Säugetiere geboren. Doch der Mensch kann und muss sich zu dem Faktum seines Geborenseins verhalten. Streng genommen wird allein er geboren. „Tiere werfen, laichen oder setzen", wie der Theologe Hermann Timm lapidar anmerkt. Die Philosophin Hannah Arendt hat für das Phänomen, dass das ganze Leben des Menschen durch sein Geborensein bestimmt wird, den Begriff der Natalität oder Geburtlichkeit geprägt. Nicht allein die Sterblichkeit, sondern auch die Geburtlichkeit bestimmt die Endlichkeit des Menschen. Im Unterschied zur Geburt als biologischem Vorgang ist Geburtlichkeit ein Existential.

Damit ist freilich noch nicht darüber entschieden, ob die Geburt ein hinreichendes oder zumindest ein notwendiges Kriterium des Personseins ist. In diesem Fall wäre nämlich dem Ungeborenen der Personstatus kategorisch abzusprechen. Wird die Person durch ihre Geburt konstituiert oder lediglich charakterisiert? Ist die Geburt der zeitliche Anfang ihrer Existenz und Geschichte oder nur ein einschneidendes Ereignis in deren Verlauf?

Für den Philosophen Volker Gerhardt markiert die Geburt nicht nur eine Zäsur im Leben eines Menschen, das ein Vorher von einem Nachher unterscheidet, sondern sie ist für ihn überhaupt erst der „Akt der Menschwerdung". Zwar kommt die Geburt, wie Gerhardt einräumt, „nicht aus dem Nichts, aber das, was vor der Geburt war, ist wie das, was nach dem Tod kommt, „qualitativ anders als das individuell erfahrene personale Leben des Menschen". Das qualitativ Neue, das mit der Geburt beginnt, ist die Umstellung auf einen autonomen Stoffwechsel. Das neugeborene Kind muss sich auf eigene Nahrungsaufnahme umstellen. „Es atmet erstmals selbst. Und damit kann es auch zum ersten Mal seine Stimme, das ‚Organ der Vernunft', ertönen lassen."

Hannah Arendt sieht in der Geburt – notabene nicht in der Zeugung! – eine Wiederholung und Bestätigung des Schöpfungsaktes Gottes. Anders als bei der creatio ex nihilo ist das, was vor dem Menschen war, „nicht Nichts, sondern Niemand". Das gilt nach Arendt nicht nur für das evolutionsgeschichtliche Auftreten der menschlichen Gattung, sondern für jeden Einzelnen. Daher kann man von jedem neuen Menschen „nur sagen, dass es in Bezug auf ihn vor seiner Geburt ‚Niemand' gab".

Nach Arendts Verständnis ist die Begründung des Menschseins in der Geburt transzendental. Arendt spricht vom Anfang, der der Mensch ist und der mit seiner Geburt in die Welt kommt. „Mit der Erschaffung des Menschen erschien das Prinzip des Anfangs, das bei der Schöpfung der Welt noch gleichsam in der Hand Gottes und damit außerhalb der Welt verblieb, in der Welt selbst und wird ihr immanent bleiben, solange es Menschen gibt."

Nun kann man zwar phänomenologisch argumentieren, dass Menschsein In-der-Welt-Sein heißt und dass wir die Geburt meinen, wenn wir davon sprechen, „auf die Welt gekommen" zu sein. Lapidar bemerkt Gerhardt: „Mir ist noch niemand begegnet, der den Tag seiner Zeugung zelebriert." Dieses lebensweltliche Argument ist jedoch längst nicht mehr so schlagend, wie Gerhardt meint. Mit dem erweiterten Wissen um Zeugung und Schwangerschaft, nicht zuletzt aufgrund des flächendeckenden Einsatzes vorgeburtlicher Diagnostik und Therapie – bis hin zu pränatalen chirurgischen Eingriffen – hat sich auch die Einstellung schwangerer Frauen und werdender Eltern zum Ungeborenen verändert. Die Geburt selbst hat ihre

Natürlichkeit weitgehend verloren; der Kaiserschnitt als Mittel der Wahl befindet sich auf dem Vormarsch.

Oftmals wissen Eltern schon zu einem frühen Zeitpunkt der Schwangerschaft, welches Geschlecht ihr Kind hat. Und nicht selten geben werdende Mütter oder Eltern dann auch schon ihrem Kind einen Namen, auch wenn dieser selbstverständlich rechtlich noch unerheblich ist. Da die Sterblichkeit bei Neugeborenen und selbst bei Frühgeburten dank medizinischer Fortschritte erfreulicherweise dramatisch gesunken ist, verhalten sich werdende Eltern oft bereits so, als wäre ihr Kind schon geboren. Eine neue Praxis sind so genannte Babypartys, die nicht etwa erst nach der Geburt, sondern bereits während der Schwangerschaft gefeiert werden, mit passenden Geschenken für das Kind. Nicht zuletzt bei Paaren, die durch In-Vitro-Fertilisation schwanger werden und zwischen Hoffen und Bangen, zwischen fehlgeschlagenen Versuchen und endlich erfolgreich eingeleiteter Schwangerschaft auf ganz eigene Art in die Elternschaft hineinwachsen, entwickeln sich auch neue Formen, eine Beziehung zum ungeborenen Leben aufzubauen. Und schließlich sei auf die Einstellungsänderungen im Umgang mit Fehlgeburten hingewiesen. Wurden diese früher einfach in den Krankenhausabfall geworfen, so gibt es inzwischen schon eigene Begräbnisfelder für Fehlgeburten, die dort anonym bestattet und für die eigene Gottesdienste abgehalten werden.

Wenn es um Kontinuität und Diskontinuität personhaften Lebens vor und nach der Geburt geht, ist auch die Bedeutung des Hörsinns für den Zusammenhang von Vernunft, Sprache und Personalität zu bedenken. Das deutsche Wort „Vernunft“ kommt etymologisch bekanntlich von „vernehmen“, womit nicht nur das kognitive Verständnis, sondern auch die sinnliche Wahrnehmung gemeint ist. Das Organ der vernehmenden Vernunft ist der menschliche Hörsinn. Schon bevor der Mensch sprechen kann, ist er das Wesen, das Sprache hat und sprachlich existiert, weil er hören kann. Die Rezeptivität des Hörens und des Hörsinns liegt der Aktivität des Sprechens voraus. Nur über das Hören entwickelt sich das eigene Sprachvermögen, das als Wesensmerkmal von Personalität und Vernunft gilt. Das zeigt sich deutlich im Fall angeborener Gehörlosigkeit, wo Ersatzsprachen für die akustisch kommunizierte Wortsprache zum Einsatz kommen.

Das Wort „persona“ muss also in doppelter Richtung gelesen werden. Die Maske der Person, ihr Antlitz, ist nicht nur das Medium, durch welches eine Stimme und damit Vernunft nach außen dringt, sondern auch die Membran, durch welches Stimme und menschliche Sprache nach innen dringen. Auch bei Menschen mit schwerer geistiger Behinderung ist der Hörsinn ein Organ ihres Personseins. Ein Wesen, das Sprache hat – Person also – ist der Mensch nicht erst, wenn und solange er sprechen kann, sondern schon und solange er hören kann. Der Hörsinn erlischt, wenn der Mensch stirbt, erst ganz zuletzt.

Sein Hörsinn ist stets ein menschlicher Hörsinn, der sich vom Hörsinn der Tiere unterscheidet. Das zeigt sich am Phänomen der Musik. Viele Tiere empfinden menschliche Musik nicht als sinnhaften Wohlklang, sondern als – unter Umständen geradezu schmerzhafte – Geräuschkulisse. Musik aber ist wie die Wortsprache eine Hervorbringung menschlichen Geistes und menschlicher Vernunft. In ihr liegen jedoch Vernunft und Sinnlichkeit, Verstand und Gefühl, noch enger beieinander als in der Wortsprache. Musik kann für kleine Kinder, für Menschen mit geistiger Behinderung oder auch für Personen, die an Demenzerkrankungen leiden, ein wichtiges Medium der Kommunikation und ein Therapeutikum sein. Die ganze Musiktherapie beruht auf dieser Erkenntnis. Das Hören von Musik ist ein zutiefst personales Geschehen.

Der Hörsinn aber entwickelt sich nicht erst nach der Geburt, sondern schon während der Schwangerschaft. Lange Zeit hat man geglaubt, Kinder seien nicht nur vor der Geburt, sondern sogar noch in den ersten Lebenstagen taub. Die moderne Embryologie und Entwicklungspsychologie zeigen uns, dass die vorgeburtliche Existenz nicht in hermetischer Abgeschiedenheit und Stille verläuft. Vielmehr hört das ungeborene Kind zahlreiche Geräusche im Mutterleib, und zwar nicht nur die Geräusche des mütterlichen Körpers, zum Beispiel des Magen-Darm-Trakts, sondern auch die mütterliche Stimme und Geräusche, die von außen in den Bauch der Mutter und in die Fruchtblase eindringen. Untersuchungen zeigen, dass der Fötus etwa ab der 28. Schwangerschaftswoche, also mehr als zwei Monate vor der Geburt, Lidschlagreaktionen bei der Darbietung akustischer Reize zeigt. Schon vier Tage nach der Geburt sind Säuglinge in der Lage, die Stimme ihrer Mutter von anderen Stimmen unterscheiden zu können. Experimente zeigen, dass dies darauf zurückzuführen ist, dass die Neugeborenen die mütterliche Stimme schon während der Schwangerschaft gehört haben. Die Entwicklungspsychologen Friedrich Wilkening und Horst Krist schreiben: „Kinder scheinen also bereits vor der Geburt nicht nur für den Klang menschlicher Stimmen, sondern auch unabhängig von spezifischen Stimmen für akustische Muster der Sprache sensitiv zu sein." So gesehen ist der erste Schrei nach der Geburt eine erste Antwort auf die menschliche Stimme, welche das ungeborene Kind schon vor der Geburt vernommen hat.

Das Primat des Hörens vor dem Sprechen hat übrigens eine eminent theologische Bedeutung. Schon Paulus erklärt in Römer 10,17, der Glaube komme aus dem Hören. Als Hörender ist der Mensch rezeptiv. Wie er sein Leben ohne sein Zutun von Gott empfängt, so auch den Zuspruch der göttlichen Gnade und Vergebung. Der glaubende Mensch ist ganz Ohr. Insofern kann man den Satz Martin Luthers, wonach der Glaube die Person macht, dahin gehend abwandeln, dass das Hören die Person macht – nämlich das Hören der Anrede Gottes, der uns bei unserem Namen ruft.

Ohne die Zäsur, welche die Geburt in der Lebensgeschichte eines Menschen bedeutet, herunterspielen zu wollen, wird diese doch durch die phänomenologische und die theologische Einsicht in die Bedeutung des menschlichen Hörsinns für die Existenz von Personen entscheidend relativiert. Daher ist auch der These Arendts, dass es in Bezug auf einen Menschen vor seiner Geburt „Niemand" gab, zu widersprechen.

Wir können aber sagen, dass die Geburtlichkeit insofern das gesamte Leben einer Person charakterisiert, als die Person nicht nur von der Geburt her existiert, sondern sich während der Schwangerschaft auf ihre Geburt hin entwickelt. Es wäre ja kein dauerhaftes Leben im Uterus möglich. Das unterscheidet zum Beispiel das Leben eines geborenen Menschen an einer Herz-Lungen-Maschine vom Ungeborenen, der durch die Nabelschnur der Mutter versorgt wird. Jeder Mensch und das heißt jede Person ist zur Geburt bestimmt, mag diese Bestimmung im Einzelfall aufgrund einer Fehlgeburt auch nicht erfüllt werden. In diesem Sinne aber können wir vom geborenen wie vom ungeborenen Menschen sagen, dass seine Existenz geburtlich ist.

Der zerbrechliche Mensch

Ethische Reflexionen über die Gebrechlichkeit

On and on the rain will fall
Like tears from a star like tears from a star
On and on the rain will say
How fragile we are how fragile we are

Sting

Gebrechlichkeit (englisch „frailty") gehört zu den Merkmalen, die man typischerweise mit dem Alter verbindet. Nach wie vor überwiegen in unserer Gesellschaft negativ besetzte Bilder des Alterns und Altseins. Auch die demographische Zunahme der absoluten Zahl von älteren Menschen über 65 Jahren und alten Menschen über 75 Jahren löst in der öffentlichen Diskussion negative Gefühle aus. Das populistische Buch des Herausgebers der *Frankfurter Allgemeinen Zeitung* Frank Schirrmacher über das „Methusalem-Komplott" (2004) ist ein Bestseller. Man spricht von „Überalterung", was einem negativen Werturteil gleichkommt. Zwar wird erleichtert zur Kenntnis genommen, dass sich der Gesundheitszustand der heute Siebzigjährigen gegenüber den älteren Geburtsjahrgängen deutlich verbessert hat, so dass es heute einen neuen Typus der „jungen Alten" gibt, die noch ein aktives und ausgefülltes Leben führen. Aber mit Besorgnis registriert die Öffentlichkeit, dass auch der Bevölkerungsanteil der Hochbetagten über 85 Jahren steigt, deren Leben von physiologisch bedingter Altersgebrechlichkeit, Multimorbidität und chronischen Erkrankungen geprägt ist.

Aus ethischer Sicht ist jedoch zwischen den realen Problemen altersspezifischer Gebrechlichkeit, ihrer möglichen Vermeidung oder Bewältigung und gesellschaftlichen Bildern von Altersgebrechlichkeit samt ihren gesellschaftlichen und sozialpolitischen Folgen zu unterscheiden. Wenn ein hohes Alter, die sich in ihm einstellenden gesundheitlichen Beeinträchtigungen und ihre sozialen Folgen einseitig mit negativen Stereotypen belegt werden, muss man von einer neuen Form der Diskriminierung sprechen, die sich analog zu Rassismus oder Sexismus als „Ageism" bezeichnen lässt. Ageism als Vorurteil gegen alte Menschen äußert sich, wie der Medizinethiker Franz Josef Illhardt beschreibt, auf dreifache Weise: 1. als Schwierigkeit, die Perspektive der Betroffenen einzunehmen, 2. als gesellschaftlich tabuisierte, gleichwohl vorhandene Aversion oder sogar Aggression gegen alte Menschen, 3. als unrealistische Wahrnehmung der Lebenssituation alter Menschen. Unterschiedliche Sichtweisen von Gebrechlichkeit spielen für das Entstehen solcher Vorurteile und die damit verbundene Diskriminierung alter Menschen eine erhebliche Rolle.

Wie lässt sich derartigen Vorurteilen wirksam entgegentreten? Neben der gerontologischen Aufklärung, also der sachgerechten Information über das Altern, steht die Entwicklung positiv besetzter Bilder vom Altwerden und vom Alter. Von der neuen Gruppe der „jungen Alten", die auch von der Werbung und vom Tourismus längst als neue Zielgruppe entdeckt sind, war schon die Rede. Sie widerlegen das überkommene Bild eines von fortschreitendem Abbau körperlicher und geistiger Kräfte geprägten Alterns. Auch als ehrenamtlich Tätige, z.B. im sozialen Bereich, werden sie zunehmend entdeckt. Hinzu kommen medizinische Strategien der Prophylaxe und der Rehabilitation, die ein vorzeitiges Altern vermeiden und die Phase massiver Gebrechlichkeit und Hilfsbedürftigkeit in der letzten Lebensphase möglichst weit hinausschieben und verkürzen sollen. Neben rehabilitativer Medizin und mobilisierender Pflege, die eine Hospitalisierung alter Menschen mit ihren negativen Begleiterscheinungen vermeiden helfen sollen, ist an Strategien des „Anti-Aging" zu denken. Hier tut sich inzwischen ein neuer Markt auf, auf dem auch Mediziner ihre Produkte anbieten.

Ethisch betrachtet ist diese Entwicklung allerdings zwiespältig. Einerseits trägt sie zu einer gesellschaftlichen Umwertung und neuen Wertschätzung des Alterns bei. Andererseits bleiben die Vorurteile des Ageism durchaus bestehen. Sie verlagern sich nur von den „jungen" Alten auf die wirklich „alten" Alten. Alt sind eigentlich immer nur die anderen. Anti-Aging und das neue Leitbild der jungen Alten bleiben dem gesellschaftlichen Ideal ewiger Jugend verhaftet. Positiv wird lediglich bewertet, dass man auch in einem Alter jenseits von 65 Jahren „jung bleiben" kann. Wirklich „alt" sein wird jedoch in der Regel nach wie vor nicht positiv erlebt. Die Vorurteile des Ageism richten sich nun gegen die Hochbetagten, deren Bild mit

Gebrechlichkeit gleichgesetzt wird. Das sind „die Pflegebedürftigen“, die „abgebaut“ haben.

In der Abwertung von Menschen, die hilfsbedürftig oder pflegebedürftig sind, drückt sich auch die persönliche Distanzierung von negativen gesellschaftlichen Alternsbildern aus. Ein Indikator dafür ist es, wenn Menschen die Ansicht äußern, bestimmte Zustände von Gebrechlichkeit seien kein menschenwürdiges Leben mehr. Nicht von ungefähr wird über die ethische Zulässigkeit von Euthanasie und ärztlicher Suizidbeihilfe gerade im Zusammenhang mit gebrechlichen und altersdementen Menschen diskutiert.

Dem lässt sich nur begegnen, wenn die Gebrechlichkeit selbst zum Thema anthropologischer und ethischer Reflexion gemacht wird. Es geht nicht darum, die unterschiedlichen Formen von Gebrechlichkeit und die mit einem hohen Alter verbundenen spezifischen Krankheitsrisiken schönzureden, wohl aber darum, Gebrechlichkeit und Leiden in eine umfassende Sicht des Menschseins zu integrieren.

Auch die letzte Lebensphase kann eine Phase des Reifens sein und muss nicht ausschließlich als defizitär erlebt werden. Selbst in der Begegnung mit schwerst pflegebedürftigen Menschen kann ein wechselseitiges Geben und Empfangen stattfinden. Welche Kraft und welches Lebensbeispiel auch von Schwerkranken und gebrechlichen Menschen ausgehen kann, hat der verstorbene Papst Johannes Paul II. auf eindrückliche Weise bewusst gemacht. Durch ihn ist ein Bild von Gebrechlichkeit öffentlich gemacht worden, das hoffentlich als Ermutigung empfunden wird und zu einer neuen Einstellung gegenüber Schwachheit, Leiden, Alter und Tod beiträgt.

Nicht erst im Alter, sondern von Geburt an zeichnet sich unser Leben durch eine „chronische Bedürftigkeit" und eine „unendliche Angewiesenheit" (Wolfhart Pannenberg) aus. Hilfsbedürftigkeit widerspricht nicht der Würde des Menschen – theologisch gesprochen: seiner Gottebenbildlichkeit –, sondern gehört zum Wesen des Menschseins, weil es zu seiner Endlichkeit gehört. Letztlich gilt für jeden Menschen, dass er ein zerbrechliches und gebrechliches Wesen ist, nicht nur für multimorbide Hochbetagte.

Der Umgang mit Gebrechlichkeit ist gleichermaßen eine individualethische, eine personalethische und eine sozialethische Herausforderung. Grundsätzlich kann als Maxime gelten: „To add life to years, not years to life". Subjektiv erlebte Lebensqualität hat Vorrang vor der bloßen Lebensverlängerung. Die Aufgabe von Medizin und Pflege besteht eben nicht nur in der Heilung von Krankheiten oder der Wiederherstellung von Gesundheit, sondern auch in der Linderung von Leiden. Generell lässt sich sagen, dass sich die ärztliche Aufgabe bei zunehmender Gebrechlichkeit des Patienten von der kurativen zur palliativen Therapie verschiebt.

Es lässt sich aber keineswegs rechtfertigen, betagten Menschen bestimmte diagnostische Verfahren und kurative Therapien generell vorzuenthalten. Abgesehen davon, dass sich die verbleibende Lebenszeit niemals mit exakter Sicherheit vorhersagen lässt, wäre der generelle Ausschluss betagter und gebrechlicher Menschen von Angeboten der kurativen Medizin inhuman. Rechtfertigen lässt sich der Verzicht nur im Kontext der individuellen Biographie und Lebensumstände, wenn der mögliche medizinische Nutzen in keinem Verhältnis zu den mit Diagnose und Therapie für den Patienten verbundenen Belastungen oder der Beeinträchtigung seiner Lebensqualität steht.

In der Debatte über die intergenerationelle Verteilungsgerechtigkeit im Gesundheitswesen gilt es zu bedenken, dass die Erhöhung der durchschnittlichen Lebenserwartung allgemein begrüßt und von den Einzelnen gewünscht wird. Nun verdankt unsere Gesellschaft die gestiegene Lebenserwartung dem zivilisatorischen Fortschritt einschließlich den Fortschritten in der modernen Medizin. Die Verlängerung der Lebensdauer ist nicht so sehr eine Folge der individuellen Lebensführung als der gesellschaftlichen Gesamtentwicklung, die generell auf die Minimierung von Lebensrisiken ausgerichtet ist. „Wird dieses Ergebnis in seinen Konsequenzen als sozial unerwünscht angesehen, kommt das einer Negierung zivilisatorischer Bemühungen gleich und muss in letzter Konsequenz in deren Rücknahme oder in die Forderung nach freiwilligem Suizid im Alter, sozialer oder biologischer Euthanasie münden“ (Siegfried Kanowski). Das aber wäre nicht nur inhuman, sondern auch ungerecht.

Dass die Forderung nach einem „sozialverträglichen Frühableben“ auch jeder christlichen Ethik widerspricht, versteht sich von selbst. In Fragen der intergenerationellen Gerechtigkeit im Gesundheitswesen kommt der ursprüngliche und soziale Sinn des vierten Dekaloggebots (2. Mose 20,12; 5. Mose 5,16) zum Tragen. Vater und Mutter zu ehren, wie das Gebot fordert, wendet sich nämlich nicht an Kinder, die der elterlichen Gewalt unterstehen, sondern an Erwachsene, die ihre Eltern im Alter versorgen und ihnen mit Achtung begegnen sollen. In der heutigen Gesellschaft muss dieser Grundsinn des vierten Gebotes allerdings neu interpretiert werden. Denn es wäre eine sozialpolitische Fehleinschätzung, wollte man in der Versorgung und Pflege chronisch kranker und gebrechlicher Menschen in erster Linie auf die Potentiale der Familien setzen. Hier muss den veränderten Formen von Familialität und der Tatsache, dass es viele Alleinstehende gibt, sozial- und gesundheitspolitisch Rechnung getragen werden.

Leibhaftig leben – leibhaftig sterben

Nachdenken über den Tod

Nach dem Tod fragen heißt nach dem Leben fragen. Nur wer vom Tod zu sprechen weiß, hat auch etwas über das Leben zu sagen. Der Tod freilich macht stumm. Doch leben Christen von der Erfahrung, dass die Botschaft von Tod und Auferweckung Jesu Menschen im Schatten des Todes die Sprache der Hoffnung wiedergibt. Ob auch uns diese Hoffnung zu tragen vermag, wenn wir mit dem eigenen Tod wie demjenigen eines geliebten Menschen konfrontiert werden?

Unsere Einstellung zum Tod und unsere Todesbilder hängen nicht nur mit unserem persönlichen Glauben und unserer individuellen Lebenserfahrung zusammen, sondern unterliegen dem kulturgeschichtlichen Wandel. Der französische Kulturhistoriker Philippe Ariès hat den Verlauf der europäische Kulturgeschichte des Todes in mehreren Stadien beschrieben Am Beginn steht das Modell des gezähmten Todes. Der Tod gilt als nah und vertraut, zugleich aber als abgeschwächt und kaum fühlbar. Das Sterben ist kein individueller Akt, sondern ein sozialer Vorgang, wobei die Gemeinschaft geeint ist im Kampf gegen die Natur, welche im Fall des Todes des Einzelnen wie bei Epidemien eine Bresche in den Verteidigungswall schlägt. Gezähmt wird der Tod durch die kollektiven Sterberituale, aber auch durch die Hoffnung auf eine postmortale Existenz und durch den Glauben an die Existenz des Bösen, welchem der Tod als Widerfahrnis zur Unzeit zugeschrieben wird.

In einem zweiten Entwicklungsstadium verschiebt sich nach Ariès die Dimension des Schicksals von der Gemeinschaft auf das Individuum. Die Einsicht, dass wir alle sterben müssen, wird individualisiert: Ich muss sterben. Entsprechend verändern sich auch die Vorstellungen vom ewigen Leben und die Bestattungs- und Trauerbräuche, welche das Motiv der Abwehr des Todes verstärken.

Seit dem 16. Jahrhundert tritt nach Ariès eine zunehmende Verwilderung des Tode ein. An ihrem Beginn steht das Modell des langen und nahen Todes. Was sich gegenüber dem frühen Mittelalter wandelt, ist die Einstellung zur Natur: Im Gefolge der neuzeitlichen Naturwissenschaften ist offenbar der Sieg über die oftmals als bedrohlich erlebte Natur errungen worden. Doch in Gestalt der Sexualität wie derjenigen des Todes bricht die scheinbar domestizierte Natur wieder in das zivilisierte Leben ein.

Im 19. Jahrhundert bildet sich nach Ariès ein viertes Modell heraus, dasjenige des Todes des Anderen. Bedingt durch die funktionale Ausdifferenzierung der modernen Gesellschaft und die mit der modernen Arbeitsteilung verbundene Trennung von Öffentlichkeit und Privatsphäre wird auch der Tod über seine inzwischen erfolgte Individualisierung hinaus privatisiert. In der Romantik wird der Tod wie auch die Natur ästhetisiert. Seine Ästhetisierung hat aber zur Voraussetzung, dass der Tod nicht mehr prinzipiell mit dem Bösen in Verbindung gebracht wird und gleichzeitig der Glaube an die Hölle schwindet, während der Himmel sich zum Ort der Wiedervereinigung der durch den Tod Getrennten wandelt.

Das 20. Jahrhundert beschreibt Ariès nun als Epoche des in sein Gegenteil verkehrten Todes. In ihr finden die Tendenzen des 19. Jahrhunderts ihre Fortsetzung. Allerdings wandelt sich die Ästhetik des Todes zur Ästhetik des Hässlichen. „Der Tod wurde schmutzig und dann medikalisiert." Der Kampf gegen die Natur wird der in diesem Kampf scheinbar immer erfolgreicheren Medizin überlassen. Der Tod wird kaserniert, der Ekel vor dem Tod durch die Scham abgelöst. Diese Scham angesichts des Todes ist nach Ariès aber die unmittelbare Folge der definitiven Abdankung des Bösen. Wie Krankheit, Leiden und das Böse gehört auch der Tod nicht länger zum metaphysischen *malum*, sondern zu den „Fehlleistungen der Gesellschaft, die sich durch ein wirksames System der Überwachung (und Bestrafung) schon eliminieren lassen würden."

Was aber wird aus dem Tod, wenn es das Böse gar nicht mehr gibt? Ariès sieht zwei Tendenzen: „Die erste ist ein massives Eingeständnis der Ohnmacht." Über den Tod hat sich ein dumpfes Schweigen gebreitet, ohne dass der Tod oder die Todesangst dadurch ausgelöscht wären. Eine gegenläufige Tendenz aber besteht in dem Versuch, das Schweigen zu brechen, den Tod aus seiner Kasernierung zu befreien und zu „humanisieren". Man möchte den Tod als notwendigen Bestandteil in das Leben reintegrieren, ohne ihn wie in früheren Zeiten mit dem Bösen in Verbindung zu bringen. Die moderne Leitvorstellung, welche auch in die Medizin hineinwirkt, ist diejenige eines „diskreten, aber würdigen Endes eines befriedigten Lebens", vom „Abschied von einer hilfreichen Gesellschaft, die nicht mehr zerrissen noch allzu tief erschüttert wird von der Vorstellung eines biologischen Übergangs ohne Bedeutung, ohne Schmerz noch Leid und schließlich auch ohne Angst."

Bedenkt man die soziokulturellen Zusammenhänge der heutigen Sicht des Todes, so wird man Zurückhaltung gegenüber der weit verbreiteten These von der Verdrängung des Todes in der modernen Gesellschaft üben müssen. Sie übersieht, dass die vermeintliche Verdrängung zumindest auch eine Folge der heute vergleichsweise größeren Sicherheit und Vorhersehbarkeit des individuellen Lebensverlaufs sowie der durchschnittlich hohen Lebenserwartung ist. Allerdings hat die Scheu vor dem Tod in unserer modernen Gesellschaft zweifellos ganz spezifische Züge angenommen. Doch die Verdrängung und Verdeckung der Endlichkeit des individuellen menschlichen Lebens ist gewiss nicht erst, wie manchmal behauptet wird, eine Eigentümlichkeit des 20. Jahrhunderts, sondern wahrscheinlich so alt wie das Todesbewusstsein selbst.

Andererseits ist die Forderung nach einer Enttabuisierung des Todes nicht weniger problematisch als seine Verdrängung. Gerade die Idee der Natürlichkeit des Todes, die heute zu einer gesellschaftlichen Leitvorstellung aufgestiegen ist, erweist sich bei näherer Betrachtung als fragwürdig, weil sie einen problematischen Naturbegriff zur Voraussetzung hat und dazu angetan ist, die Destruktivität des Todes zu verschleiern. Wie die Idee des natürlichen Todes als solche sind auch ihre ethischen Konsequenzen kritisch zu diskutieren.

Die moderne Idee des natürlichen Todes hat einen doppelten Inhalt. Sie beansprucht, aufgeklärtes rationales Todeswissen wie gesellschaftliche Utopie in einem zu sein. Der Deutung des Todes als biologisch natürliches Lebensende korrespondiert die Zielvorstellung einer egalitären Gesellschaft, in welcher der Tod zur Unzeit durch physische oder strukturelle Gewalt, gesundheitsschädliche Produktionsverhältnisse und vermeidbare Krankheiten ausgeschlossen ist, so dass der Tod als natürliches Ende eines ausgeschöpften und sinnerfüllten Lebens akzeptiert werden kann.

Es kann nicht strittig sein, dass der Schutz des Lebens, die Bekämpfung von Krankheiten und die Verbesserung der Lebensverhältnisse mit dem Ziel, die Lebenserwartung möglichst vieler Menschen zu erhöhen, sowie die Herstellung menschenwürdiger Lebensverhältnisse ethisch zu bejahende Handlungsziele sind. Problematisch an der Idee des natürlichen Todes ist jedoch, dass es sich bei dieser letztlich in der Tradition des neuzeitlichen Materialismus stehenden Vorstellung um den utopischen Versuch handelt, „den Tod mit dem Glück zu versöhnen“. Dieser Versuch aber muss misslingen, weil er zum einen einer fragwürdigen Idee von der Ganzheitlichkeit menschlichen Lebens aufsitzt und weil er zum anderen aus der illusorischen Hoffnung auf die gesellschaftliche Beseitigung des Bösen gespeist wird. Nur wenn das Böse wirklich eliminiert werden könnte, wäre die Idee des friedlichen Verlöschens im hohen Alter eine sinnvolle Utopie.

Davon abgesehen liegt der Idee des natürlichen Todes ein widersprüchlicher Naturbegriff zugrunde. Einerseits gilt es zu bedenken, dass der Naturbegriff in ethischen Zusammenhängen problematisch ist, weil er leicht zu naturalistischen Fehlschlüssen verleitet, welche Seinsaussagen in Sollensaussagen verkehren. Aus der Gegebenheit natürlicher Verhältnisse lassen sich keine ethischen Forderungen ableiten. Im Übrigen begegnet uns die Natur niemals als solche, sondern immer schon als kulturell überformte, so dass der Mensch in der Natur, die er als moralische Instanz in Anspruch nimmt, dem Resultat seines eigenen Handelns begegnet, für welches er gerade nach Maßstäben der moralischen Beurteilung sucht. Ganz praktisch tritt besagte Widersprüchlichkeit des Naturbegriffs darin zutage, dass das Handlungsziel, den Tod möglichst weit hinauszuschieben, gerade nicht dadurch erreicht werden kann, dass man der Natur ihren freien Lauf lässt, sondern im Gegenteil nur unter enormen kulturellen Anstrengungen, indem man die medizinische Forschung intensiviert, an technischen Innovationen arbeitet und den allgemeinen Wohlstand hebt. Der heute angestrebte „natürliche Tod" ist in Wirklichkeit der künstliche Tod, nämlich das Ergebnis der technischen Selbstmanipulation des Menschen und seiner Lebensumstände.

In Fortführung der kulturgeschichtlichen Thesen von Philippe Ariès möchte ich die These vertreten, dass das heute gesellschaftlich konsensfähige Modell des natürlichen Todes in Wahrheit eine Erscheinungsform des verwilderten Todes ist, mit welchem der Mensch letztlich um seines Menschseins willen keinen Frieden machen kann. „Der Glaube an das Böse war", wie Ariès geschrieben hat, „notwendig gewesen, um den Tod zu zähmen.

Die Abschaffung des Bösen hat den Tod in den Zustand der Wildheit zurückversetzt." Eben die Abschaffung des Bösen erweist sich aber als eine Illusion, und es ist bezeichnend, dass das Böse in der Gegenwart neu als Thema entdeckt wird.

Allen Gesellschaftsutopien der Moderne zum Trotz erlebt das Böse seine Renaissance. Verflogen ist der Optimismus der vergangenen Jahrzehnte, das Böse sei nur ein so genanntes, das zwar nicht schon durch seine Umbenennungen, wohl aber durch pädagogische Anstrengungen, psychoanalytische Aufklärung und politische Reformen, wenn schon nicht vollständig beseitigt, so doch minimiert werden könnte. Das Böse erweist sich als aufklärungs- und therapieresistent. So radikal es ist, so wenig ist ihm mit Radikalkuren beizukommen, welche allemal im Namen des Guten, der Gerechtigkeit oder auch der Religion verordnet werden. Radikale Versuche, das Böse an der Wurzel zu packen und auszumerzen, haben sich noch stets als perfide Steigerung des Bösen entpuppt, welchen keineswegs das Böse, sondern Menschen und die Menschlichkeit zum Opfer fallen. Auch die Utopie einer herrschaftsfreien Gesellschaft ist von dieser Aporie nicht ausgenommen, läuft doch der Versuch, den Tod zu humanisieren, faktisch immer wieder auf die Anwendung von Gewalt und Tod hinaus, sei es, dass der Tod zur Unzeit als Mittel revolutionärer Veränderungen eingesetzt oder aber der Tod aus Mitleid zugefügt wird. Es ist also die Radikalität des Bösen, welche die Kategorie des Natürlichen zweideutig werden und mit ihr die Idee des natürlichen Todes zweideutig werden lässt.

Dass gerade die Idee des natürlichen Todes und der Versuch der Humanisierung des Todes zu seiner Verwilderung führt, zeigt sich an den ethischen Dilemmata heutiger Medizin. Je erfolgreicher die Medizin bei der Verlängerung des Lebens ist, desto mehr gerät das medizinische Handeln in Dilemmasituationen. Die Möglichkeiten der Lebensverlängerung verhalten sich nicht selten umgekehrt proportional zur Würde und Lebensqualität des verlängerten Lebens. Und die Zielperspektive, am Ende eines langen Lebens das friedliche Erlöschen zu ermöglichen, wird durch den Zwang zur Manipulation des Sterbens unterlaufen, der in Grenzsituationen die Grenze zwischen Sterbenlassen und Töten verschwimmen lässt, wenn es beispielsweise um die Frage des Behandlungsabbruchs geht. Unter der Hand verkehrt sich die durch die moderne Medizin geweckte Hoffnung auf den natürlichen Tod zur Angst vor einem qualvollen und übermedikalisierten Lebensende. Die moderne Hoffnung, es könne der Tod mit dem Glück versöhnt werden, ist zum Scheitern verurteilt.

Mit der Idee des natürlichen Todes verbindet sich heutzutage aber diejenige einer ganzheitlichen Lebensführung, die in einem Sterben in Würde ihr gutes Ende finden soll. Doch macht uns das Sterben anderer, die uns etwas bedeuten, bewusst, dass die Idee der Ganzheitlichkeit ein Mythos, eine Illusion ist. Um wir selber zu sein sind wir auf das Zusammenleben mit anderen angewiesen. Unser Selbst ist nicht auf eine monadenhafte Ganzheitlichkeit angelegt, sondern wesenhaft fragmentarisch. Gerade das Sterben anderer, die ein Teil unseres Lebens sind wie umgekehrt wir zu ihrem Leben gehören, zerstört die Illusion der Ganzheitlichkeit. Ihr Tod führt uns vor Augen, dass der heute verbreitete Wunsch, alles aus eigener Kraft und durch sich selbst sein zu wollen, ein – wie es der evangelische Theologe Dietrich Bonhoeffer ausgedrückt hat – „falscher Stolz“ ist. „Auch das, was man anderen verdankt, gehört eben zu einem und ist ein Stück des eigenen Lebens, und das Ausrechnenwollen, was man sich selbst ‚verdient‘ hat und was man anderen verdankt, ist sicher nicht christlich und im Übrigen ein aussichtsloses Unternehmen. Man ist mit dem, was man selbst ist und was man empfängt, ein Ganzes.“

Sogar das Wissen um den eigenen Tod haben wir nicht aus uns selbst. Bedeutende Philosophen des 20. Jahrhunderts wie Max Scheler haben zwar die Annahme vertreten, wir Menschen trügen ein intuitives Wissen um den eigenen Tod in uns. Doch die gegenteilige, mir wahrscheinlichere These besagt, dass wir um unsere eigene Sterblichkeit erst aufgrund der Erfahrung wissen, dass andere Menschen vor uns sterben oder bereits gestorben sind. Wir verdanken also dem Sterben anderer die Einsicht in unsere Endlichkeit und damit in die Besonderheit unseres eigenen Lebens.

Wenn Menschen sterben, die uns nahe stehen oder uns viel bedeuten, erleiden wir einen Verlust. Fremdes Sterben ist darum immer ein Stück eigenes Sterben. Mit dem anderen stirbt eine Beziehung, endet ein Verhältnis, geht eine Welt unter und stirbt ein Stück von uns selbst. Die Erfahrung mit dem Tod der anderen ist darum immer auch eine Einübung in das eigene Sterben. Es bedeutet zu lernen, was es heißt, abschiedlich leben zu müssen, loszulassen und so von sich selbst frei zu werden.

Meine Kritik an der Idee der Ganzheitlichkeit wendet sich nicht gegen den erkenntnistheoretischen wie handlungswissenschaftlichen Versuch, die Phänomene der Wirklichkeit systemisch zu erfassen und ein weit verbreitetes dualistisches Denken zu überwinden, welches unsere Leiblichkeit von unserem Verstand, das Denken von unserem Fühlen abspaltet. Jedoch ist mit dem Theologen Henning Luther zu fragen, ob unsere Ideale der Vollkommenheit und Ganzheit, die sich z.B. in einem utopischen Gesundheitsbegriff und einem geradezu religiösen Gesundheitskult widerspiegeln, nicht in Wahrheit zerstörerisch statt heilend sind. „Zerstören sie nicht das uns lebbare Leben? Unser Leben mit all seinen Brüchen, Fehlern, Unvollkommenheiten, Schwächen? Hindern uns nicht die Illusionen von Vollkommenheit und Ganzheit am Leben? Drohen wir nicht an unseren Illusionen zu scheitern? Ist der Mythos der Ganzheit nicht eine einzige Lebenslüge, die unsere schüchternen und unvollkommenen Tastversuche, unseren Versuch zu leben, im Keim erstickt und abtötet?“

Ganzheitlich ist die biblische Sicht des Menschen, seines Lebens und seines Sterbens, insofern sie ihn als *beseelten Leib,* d.h. als eine leiblich-seelische Einheit versteht. Das unterscheidet den biblischen *Leibbegriff* von einer reduktionistischen Sicht des Leibes als eines bloßen *Körpers,* dessen Funktionsweise und Krankheiten in der herkömmlichen Medizin von der betroffenen Person abgespaltet werden. Jedoch *ist* der Mensch nach biblischem

Verständnis nicht nur ein Leib, sondern er ist eine *Person*, die einen Leib *hat*. Der Philosoph Søren Kierkegaard hat die biblische Anthropologie zutreffend auf den Begriff des Selbst gebracht, welches eine *dialektische* Einheit aus Leib, Seele und Geist sei. Ein Selbst ist der Mensch als leiblich-seelische Einheit in dem Sinne, dass er ein bewusstes Verhältnis zu sich selbst hat.

Im Sinne der biblischen Tradition ist der Mensch als eine in sich spannungsvolle Einheit von Leib und Seele bzw. Geist zu beschreiben. Weder ist er reiner Geist noch ist er reiner Leib, vielmehr ist er eine selbstbezügliche leibseelische Einheit. Doch handelt es sich um eine Ganzheit, die zugleich fragmentarisch ist. Darin besteht kein Widerspruch. Vielmehr ist der Mensch *als Ganzer* ein *Fragment*.

Dass menschliches Leben wesensmäßig fragmentarisch ist, geht uns beim Nachdenken über den Tod des Menschen auf. Selbst dann, wenn ein Mensch nach einem langen und erfüllten Leben stirbt, sind Möglichkeiten ungenutzt, ist Schuld ungesühnt geblieben, endet ein Leben, das nicht nur möglicherweise reich an Erfahrungen des Gelingens, sondern auch des Scheiterns und des Verlustes war. Der Tod aber vollendet nicht das unvollständig gebliebene Leben, sondern verendgültigt dessen Bruchstückhaftigkeit.

Der Tod ist das Ende des Lebens. Theologisch betrachtet aber ist das Lebensende als solches ein ambivalentes Phänomen. Einerseits gehört es zur wesensmäßigen Bestimmung des Menschseins, insofern alles Menschsein seinem Wesen nach endliches Sein ist. Insofern Endlichkeit nicht ein fallweise eintretendes Faktum, sondern das Wesen menschlichen Daseins ausmacht, gehört der Tod nicht nur nach unserer biologischen Kenntnis von den Gesetzmäßigkeiten des Lebens, sondern auch nach theologischer Auffassung wesensmäßig zum Leben des Menschen. Endlichkeit ist gleichbedeutend mit Sterblichkeit, deren Möglichkeiten sich mit dem Eintritt des Todes erfüllen. Die Ambivalenz des Lebensendes aber resultiert daraus, dass sich eine Differenz zwischen Ende und Vollendung des Lebens auftut. Eben diese Differenz ist das Thema einer Theologie des Todes. Die Differenz zwischen Ende und Vollendung ist keine theologische Setzung, sondern entspricht unserer menschlichen Erfahrung. Dem Tod eignet keineswegs nur das Moment der Erfüllung, sondern auch das des Abbruchs und der Zerstörung. Und zwar gilt dies keineswegs nur für den gewaltsamen Tod oder den Tod zur Unzeit, sondern für jede Gestalt des Todes.

Die grundsätzliche Unvollendbarkeit menschlichen Lebens gilt nach theologischer Auffassung in mehrfacher Hinsicht. Einerseits handelt es sich um eine anthropologische Gegebenheit, insofern unser Selbst keine monadenhafte Ganzheit darstellt, sondern wesensmäßig intersubjektiv bzw. interpersonal verfasst ist. Der Mensch kommt als Mängelwesen (Arnold Gehlen) zur Welt. Er ist von Geburt an auf die Hilfe anderer angewiesen und bleibt es nicht nur in Phasen der Krankheit, sondern ist es oft auch am Lebensende, wenn er alt und gebrechlich wird. Doch über seine physische Bedürftigkeit hinaus kann der Mensch als ein Gesunder nur im Gegenüber zum Anderen als ein Selbst existieren. Das ist die grundlegende Erkenntnis des dialogischen Personalismus bei Martin Buber, Franz Rosenzweig und Ferdinand Ebner sowie der Philosophie des Anderen bei Emanuel Levinas. Ganzheitlichkeit und Vollendung des eigenen Lebens wäre darum nur um den Preis der Beziehungslosigkeit zu erreichen, die aber wegen der interpersonalen Struktur personaler Existenz aporetisch wäre.

Zu den anthropologischen Gegebenheiten gehört nicht nur die Angewiesenheit auf den Mitmenschen, sondern auch eine eigentümliche Passivität. Der Mensch lebt sein Leben als tätiges Leben. Doch inmitten seines Tätigseins, welches wir auch als Selbstverwirklichung bezeichnen können, gibt es eine eigentümliche, von allen Passivitätserfahrungen kategorial nochmals unterschiedene Grundpassivität, die darin besteht, dass wir uns vor allem Tun und Lassen, allem Handeln und Erleiden immer schon gegeben sind und schließlich entzogen werden. Nicht allein, dass wir sterben müssen, sondern auch, dass wir geboren werden, gehört zu unserem Menschsein. Eben darum ist es problematisch, wenn der Tod von manchen Philosophen und Theologen als Tat des Menschen bestimmt wird, in welcher der Mensch sich selbst vollende. Zum einen gelingt es uns allenfalls partiell, das Leiden in das eigene Leben zu integrieren. Und selbst dann, wenn ein Mensch seinem Leben freiwillig ein Ende macht, vollzieht sich darin doch nur die Faktizität seiner Sterblichkeit, die als solche gegeben und unaufhebbar ist. Sodann ist zu bedenken, dass der Mensch wohl sein Ende, niemals aber seinen Anfang herbeiführen kann. Das menschliche Leben ist also gerade deshalb fragmentarisch, weil Endlichkeit und Sterblichkeit nicht identisch sind, die Endlichkeit vielmehr ebenso sterblich wie geburtlich ist und die Geburtlichkeit sich nicht in die Sterblichkeit aufheben lässt.

Bruchstückhaftigkeit wie Grundpassivität des Menschen verweisen nach theologischer Auffassung auf die Gottesbeziehung des Menschen. Die Endlichkeit des Menschen wird vom religiösen Bewusstsein begriffen als schlechthinnige Abhängigkeit, deren Woher den Namen Gottes trägt. Die religiöse Gewissheit einer von allen denkbaren Abhängigkeiten kategorial unterschiedenen schlechthinnigen Abhängigkeit (Friedrich Schleiermacher) widerspricht keineswegs dem neuzeitlichen Autonomiebewusstsein, sondern ist eine spezifische Gestalt desselben. In aller Autonomie weiß sich der gläubige Mensch in einer Weise sich selbst gegeben, die er nicht als Resultat seines Handelns oder Denkens rekonstruieren kann. Das aber bedeutet für ihn, dass die menschliche Endlichkeit und Sterblichkeit nicht nur in ihrem Gegenüber zum Mitmenschen, sondern auch in ihrer Gottesbeziehung zu bedenken ist.

In diesem Zusammenhang ist nun freilich im Sinne der Bibel auch von der Sünde zu sprechen. Unter Sünde ist der widersinnigen Versuch zu verstehen, die schlechthinnige Abhängigkeit oder Grundpassivität des eigenen Lebens zu bestreiten und zu bekämpfen. Der evangelische Theologe Eberhard Jüngel hat die Sünde treffend als Drang in die Verhältnislosigkeit interpretiert. Unter seinem Einfluss gewinnt nun aber die Bruchstückhaftigkeit menschlichen Daseins den Charakter des Widersprüchlichen und des Scheiterns. Entsprechend wird der Tod nicht nur als Ende des notwendigerweise unvollendet bleibenden Lebens, sondern als Abbruch und zugleich als Gericht erfahren. Im Tod wird unwiderruflich, dass wir unser Leben nicht so gelebt haben, wie wir es hätten leben können und leben sollen. Eben deshalb spricht die biblische Tradition vom Tod nicht nur als dem natürlichen Ende des Lebens, sondern auch als Strafe und Gericht. Dieser Auffassung vom Tode stehen Philosophen wie Camus, Sartre oder Lévinas nahe, welche im Widerspruch zu Heidegger erklären, dass der Tod keineswegs dem Leben einen letzten Sinn verleihe, sondern im Gegenteil jede Bedeutung nehme. So hat Jean-Paul Sartre geschrieben: „Wenn wir sterben müssen, hat unser Leben keinen Sinn, weil seine Probleme ungelöst bleiben und weil sogar die Bedeutung der Probleme ungelöst bleibt."

Christliche Rede von Gott und eine christliche Theologie des Todes deuten diese Erfahrungen freilich nochmals neu im Licht des Todes Jesu von Nazareth. Eine christliche Deutung des Todes bedeutet demgemäß eine neue Erfahrung menschlicher Endlichkeit, die wir mit Gerhard Ebeling als „Erfahrung mit der Erfahrung" bezeichnen können. Die spezifisch christliche Erfahrung mit dem Tod verdichtet sich im Bekenntnis zur Auferweckung Jesu von den Toten. Mit diesem verbindet sich die Hoffnung, dass die Zweideutigkeit unseres Lebens am Ende überwunden wird – nicht aus unserer eigenen Kraft, sondern durch die Kraft Gottes.

Die Erfahrung der Fragmenthaftigkeit unseres Daseins ist in sich ambivalent. Sie kann, wie wir bei Sartre gesehen haben, zu nihilistischen Konsequenzen führen. Es gibt in der Tat Fragmente, die zu Recht Fragmente bleiben und nur noch auf den Schutthaufen der Geschichte gehören. Andererseits kann, wie Dietrich Bonhoeffer geschrieben hat, gerade das Fragment auf eine höhere Vollendung hinweisen, die freilich vom Menschen selbst nicht mehr zu leisten ist, auch nicht dadurch, dass er seinen eigenen Tod willig annimmt. Es ist nun gerade der als Heilsgeschehen gedeutete Tod Jesu, welcher ebenso die Bruchstückhaftigkeit und Zerrissenheit unseres Lebens vor Augen führt, wie er andererseits die Hoffnung auf eine höhere Vollendung unseres fragmentarisch bleibenden Lebens begründet.

Am Geschick Jesu kann uns freilich auch aufgehen, dass nicht nur biologisch oder medizinisch, sondern auch im subjektiven Verständnis des eigenen Daseins zwischen Sterben und Tod zu unterscheiden ist. „Mit dem Sterben fertigwerden", so hat Dietrich Bonhoeffer zu bedenken gegeben, „bedeutet noch nicht mit dem Tod fertigzuwerden. Die Überwindung des Sterbens ist im Bereich menschlicher Möglichkeiten, die Überwindung des Todes heißt Auferstehung. Nicht von der ars moriendi, sondern von der Auferstehung Christi her kann ein neuer reinigender Wind in die gegenwärtige Welt wehen."

Wenn man versucht, die existentiale Bedeutung einer derartigen Aussage zu bestimmen, darf man es vielleicht so sagen: Unbeschadet seiner wesenshaften Bruchstückhaftigkeit bleibt das menschliche Leben nicht unvollendet. Vollendung erlangt das menschliche Leben jedoch weder durch das Tun des Menschen noch durch den Versuch, den eigenen Tod als heroische Tat auf sich zu nehmen, sondern einzig dadurch, dass die Beziehung Gottes zum Menschen mit dessen Tod nicht endet, vielmehr von allen

Zweideutigkeiten befreit wird und an jener Lebensfülle Anteil bekommt, welche Gott selber ist.

Zur Anerkennung der Menschenwürde gehört es, die Sterblichkeit des Menschen zu akzeptieren und ihr handelnd zu entsprechen. Doch der Tod selbst lässt sich weder durch unser Handeln noch durch unser Erkennen und Denken bewältigen. Jeder Versuch, sich mit dem Tod zu versöhnen, muss ebenso scheitern wie derjenige, ihn aus dem Leben zu verbannen. Aus theologischer Sicht ist ein solcher Umgang mit dem Tod wahrhaft menschlich, welcher mit der Bruchstückhaftigkeit gleichermaßen die Unausweichlichkeit wie die Nichtintegrierbarkeit des Todes anerkennt. Annahme und Anerkennung sind zweierlei. Das Leben als Fragment zu bejahen, bedeutet gerade, dem *Tod*, wo es uns möglich ist, zu widerstehen und andererseits noch im Sterben auf seine Überwindung zu hoffen.

Gerade dann, wenn das Sterben unausweichlich geworden ist, gilt es dem Tod auf paradoxe Weise zu widerstehen. Die Annahme des Todes besteht in medizinischer Hinsicht gegebenenfalls in der Beendigung therapeutischer Maßnahmen, die auf die Wiederherstellung der Gesundheit gerichtet sind, d.h. in der Umstellung des ärztlichen Handelns von der Bekämpfung des Todes zur Sterbebegleitung, von der kurativen zur so genannten palliativen Medizin. Doch das bedeutet nicht, mit dem Tod an sich seinen Frieden zu machen.

Über seine biologische Seite hinaus ist der Tod eine personale und eine soziale Realität. Gerade dann, wenn wir den Tod um jeden Preis zu verhindern suchen, feiert er unter Umständen in der Erschwerung des Sterbens seinen letzten Triumph. Umgekehrt können wir dem Tod gerade so widerstehen, dass wir ihn zwar zulassen, gleichzeitig aber bis zum letzten Atemzug und über den Eintritt des Todes hinaus bei den Sterbenden bleiben statt sie allein zu lassen. Nicht das Sterben an sich, wohl aber die Einsamkeit der Sterbenden gilt es unbedingt zu verhindern. Aber auch Ärzte, Schwestern und Pfleger dürfen mit ihrer Erfahrung des Sterbens nicht allein gelassen werden. Wenn wir der Einsamkeit der Sterbenden wie der mit ihrem Sterben beruflich konfrontierten Menschen entgegenwirken, ist gerade das eine Weise, dem Tod die Anerkennung zu verweigern.

Fragwürdig ist es allerdings, wenn der ethische Sinn einer Theologie des Todes lediglich in der Kultivierung neuer Formen einer ars moriendi und in der Begrenzung ärztlichen Handelns gesehen wird. So begrüßenswert im Ganzen z.B. die Hospizbewegung ist, welche sich für eine patientenzentrierte Sterbebegleitung und ein menschliches Sterben in Würde einsetzt, so problematisch ist es, wenn ein von seiner Übermedikalisierung befreites Sterben romantisch verklärt wird. Der christliche Glaube lässt sich gerade nicht auf den Appell reduzieren, das Sterben als von Gott dem Leben gesetztes natürliches Ende anzunehmen und sich ins Sterben einzuüben. In der Einseitigkeit, mit der eine neue ars moriendi in der heute ausufernden Sterbeliteratur bisweilen propagiert wird, ist diese nichts anderes als eine subtile Variante der von uns kritisch in den Blick genommenen Vorstellung der Ganzheitlichkeit und somit gewissermaßen die religiös verbrämte Variante der problematischen Idee des natürlichen Todes. Die

Hoffnung des Glaubens auf Vollendung des Lebens ist gerade eine dem Tod Widerstand leistende Hoffnung, welche – mit Thomas Mann gesprochen – um der Güte und Liebe willen dem Tod die Reverenz verweigert und ihm keine Herrschaft über die eigenen Gedanken einzuräumen bereit ist.

Es ist der *verwilderte* Tod, der unseres Widerstandes bedarf. Ihm widerstehen wir, indem wir die Endlichkeit und den Stückwerkcharakter unseres Lebens, sein Scheitern und Zerbrechen ernst nehmen und dennoch auf den Erweis seiner Sinnhaftigkeit hoffen. Die Humanisierung des Todes wird erst dann möglich, wenn wir von der Illusion, den Tod mit dem Glück zu versöhnen, Abschied nehmen, freilich nicht in heroischer Verzweiflung, sondern in der Haltung angefochtener Zuversicht, welche die Möglichkeit des Glaubens ist.

Weltangst und Weltende

Apokalyptik heute

Apokalyptik ist die Kehrseite der Utopie. Apokalyptik als eine Form der Gegenutopie thematisiert Hoffnung und Angst zugleich. Untergangsvisionen bilden nur den dunklen Hintergrund für die apokalyptischen Hoffnungsbilder einer neuen Welt. Neben der traditionellen Form von Apokalyptik gibt es heute freilich eine säkulare, gewissermaßen halbierte Apokalyptik, die wohl das Ende nahen sieht, aber keine Hoffnung auf Erlösung mehr kennt. Anders als die ältere religiöse Apokalyptik kann die säkulare unserer Tage zwischen Ende und Heil, zwischen Endlichkeit und Vollendung keinen Zusammenhang mehr erkennen.

Von Beginn an ist der Fortschrittsoptimismus der Moderne von einer Unterströmung apokalyptischen Denkens begleitet worden. Es beschränkt sich nicht auf Sekten und religiöse Sondergemeinschaften, die immer schon intensive Endzeiterwartungen hegten, oder auf neu entstandene Endzeitsekten, deren Untergangsvisionen sich anfangs auf das Jahr 2000 bezogen haben. Teilweise werden ihre Spekulationen biblisch begründet, teilweise aber auch unter Berufung auf außerbiblische Traditionen wie die immer wieder aktualisierten Prophezeiungen des Nostradamus oder auf vermeintlich neue Offenbarungen, wie dies beim Orden Fiat Lux der Fall ist.

Apokalyptische Ängste und die historischen Schrecken, auf die sie reagieren – man denke an die Pest und zahlreiche Aufstände, ausgelöst durch drohende Hungersnöte und Steuerlasten – „begleiten die Geburt der modernen Welt" (Jean Delumeau). Unter Historikern herrscht heute Übereinstimmung darüber, dass sich in Europa nicht schon um das Jahr 1000, sondern erst ab dem 14. Jahrhundert eine angstvolle Endzeiterwartung verbreitete und verstärkte. Die theologische Reflexion, die ihr zu begegnen versuchte, wurde ihrerseits „zum Nährboden für neue Ängste, die noch umfassender und noch schwieriger zu bannen waren als die bisher erfahrenen" (Delumeau). Die Renaissance als Wiege der Neuzeit umfasst Angst und Dynamik, die nebeneinander existierten, weshalb die Trennung der Historiker zwischen Mittelalter und Neuzeit künstlich bleibt.

Auch in den vergangenen Jahrzehnten sind in den westlichen Gesellschaften immer wieder apokalyptische Ängste und Phantasien wellenförmig aufgetreten, im öffentlichen Bewusstsein ebenso wie in der Kunst, im Film und in der Literatur. Die atomare Hochrüstung oder die fortschreitende Zerstörung der Umwelt – um nur einige Beispiele zu nennen – haben kollektive Visionen des möglichen Untergangs heraufbeschworen. Neben realen Zukunftsängsten steht das Unterhaltungsbedürfnis. Die Ängste der krisenanfälligen Moderne paaren sich mit Lust am medial inszenierten Untergang.

Mit dem Ende des Ost-West-Konflikts schienen zunächst sowohl der Geist der Utopie als auch der Gegengeist der Apokalyptik zu erlöschen, war doch anscheinend das Ende der Geschichte (Francis Fukujama) eingetreten, wenngleich auf eine ganz unapokalyptische Weise.

Inzwischen gibt es aber neue Bedrohungspotentiale. Befürchtungen, dass es zu einem "clash of civilisations" (Samuel P. Huntington) kommen könnte, haben durch die Attentate islamischer Fundamentalisten neue Nahrung erhalten. Flutkatastrophen und Klimawandel rücken die ökologische Frage wieder ins öffentliche Bewusstsein. Gleichzeitig kehrt der nach 1989 verloren geglaubte Geist der Utopie in Gestalt einer neuen Technikgläubigkeit wieder. Auch der biomedizinische und gentechnologische Fortschritt löst nicht nur Hoffnungen, sondern auch kollektive Befürchtungen aus.

Nicht nur die Religionswissenschaft, sondern auch die Theologie sollte sich ernsthaft mit dem Phänomen der Apokalyptik beschäftigen. Nicht nur das Christentum, sondern auch der Islam hat eine apokalyptisches Erbe, das weiterhin wirksam ist. Der islamische Fundamentalismus, der sich nicht nur gegen „den Westen", sondern auch gegen arabische und muslimische Eliten wendet, deutet die weltgeschichtliche Lage des Islam im Rahmen einer apokalyptischen Weltsicht. Die Überlegenheit des Westens, insbesondere der USA, gegenüber der islamischen Welt erscheint als Vorspiel der Endzeit, in der es zum großen Endkampf zwischen Gläubigen und Ungläubigen kommt. Umgekehrt ist auch das Geschichts- und Weltbild christlicher Fundamentalisten, die z.B. in den USA starken politischen Einfluss ausüben, von apokalyptischen Vorstellungen stark geprägt. Insbesondere der Konflikt im Nahen Osten zwischen Israel und Palästinensern wird sowohl von christlichen und jüdischen als auch von muslimischen Fundamentalisten apokalyptisch aufgeladen.

Apokalyptik ist somit ein ernstzunehmender politischer Faktor, mit dem sich nicht nur die Politikwissenschaft, sondern auch die christliche Theologie intensiv auseinandersetzen muss. Es handelt sich also keineswegs nur um ein Modethema des Feuilletons, das z.B. vor der Jahrtausendwende auf dem Buchmarkt und in den Medien Konjunktur hatte. Man kann ganz allgemein von einer heilsgeschichtlichen Dramatisierung der Moderne und ihrer Gesellschaftskrisen sprechen.

Das Interesse an Endzeitspekulationen speist sich freilich aus unterschiedlichen Motiven. Die Apokalyptikwelle spricht einerseits reale Zukunftsängste, andererseits aber auch bloß das Unterhaltungsbedürfnis an. Angst vor einer ungewissen Zukunft paart sich mit Lust am Untergang, den man freilich nur im Fernsehen, nicht aber in der Wirklichkeit erleben will. So amüsieren wir uns zu Tode (Neil Postman), wie auch die Jahrtausendwende für viele Menschen lediglich ein großer Event, eine 24-Stunden-Megaparty war. Vielleicht aber steckt hinter der Spaßgesellschaft doch mehr an Endzeitangst als es auf den ersten Blick erscheinen mag?

Ein Leitbegriff heutigen Nachdenkens über das Schicksal des Menschen wie der Erde, die er bewohnt, ist Endlichkeit. Die Schere, die sich in der Folge des modernen Geschichtsbewusstseins und der naturwissenschaftlichen Erforschung des Alters des Kosmos, der Erde und der biologischen Evolution geöffnet hat, scheint sich wieder zu schließen. Das Ende des eigenen Lebens oder der gegenwärtigen lebenden Generation und dasjenige der Menschheit insgesamt drohen zusammenzufallen. Wenn heute emphatisch unsere Sterblichkeit und die Endlichkeit allen Lebens in eins gesetzt werden, so steht uns nicht nur der eigene Tod als jedem bevorstehende Möglichkeit, sondern der Untergang allen Lebens als reale Drohung vor Augen.

Angesichts der in Geschichte und Gegenwart immer wieder wellenförmig aufbrechenden Endzeitängste kommt der Theologie die Aufgabe zu, sich kritisch sowohl mit heutigen Formen von Apokalyptik als auch mit ihrem eigenen apokalyptischen Erbe auseinanderzusetzen. Diese Auseinandersetzung schließt die Frage ein, ob eigentlich diejenigen wirklich Recht haben, welche wie beispielsweise Hoimar von Ditfurth behaupten, es sei soweit, das pseudonyme Lutherwort zu beherzigen und ein Apfelbäumchen zu pflanzen. Einerseits nämlich dürfen die globalen Gefahren für Mensch und Natur nicht – womöglich gar auf Grund theologischer Voreingenommenheiten – heruntergespielt werden. Andererseits aber müssen reale Gefahren und apokalyptische Deutungsmuster auseinandergehalten werden.

So vielfältig heute von der drohenden Apokalypse gesprochen wird, so erklärungsbedürftig sind die Begriffe „Apokalypse“ und „Apokalyptik“. Wenn im Folgenden einige Grundzüge apokalyptischen Denkens beschrieben werden, haben wir uns zunächst zu vergegenwärtigen, dass das griechische Wort *apokalypsis* nicht etwa mit „Weltende“, sondern mit „Enthüllung“ zu übersetzen ist. Es steht am Beginn der neutestamentlichen Johannesoffenbarung (Offenbarung 1,1) und meint in ihrem Fall die Enthüllung unmittelbar bevorstehender Ereignisse, die zur endgültigen Errichtung der Herrschaft Gottes über seine Schöpfung führen sollen. Das Weltende ist nicht gleichbedeutend mit der Apokalypse, sondern einer ihrer Gegenstände.

Das Kunstwort „Apokalyptik" bezeichnet in der Bibelwissenschaft eine literarische Gattung jüdischer Schriften aus dem Zeitalter des Hellenismus, deren Gedankenwelt derjenigen der Johannesapokalypse verwandt ist. Ihnen sind bestimmte Stilelemente gemeinsam wie dasjenige der Pseudonymität, häufig ihre Gestaltung als Visionsbericht, der ausgiebige Gebrauch einer Bildersprache, die – nicht selten durch einen Deuteengel – entschlüsselt werden muss, sowie ein Zug zur Systematisierung des Geschauten durch Ordnungsschemata, insbesondere durch Periodisierungen der Geschichte und durch Zahlenspekulationen. Religionswissenschaftler sprechen von einem „Komplex von Vorstellungen", die sich auf „die Enthüllung zukünftiger, am Ende einer Weltperiode eintretender Ereignisse" beziehen (Günter Lanczkowski), wobei nicht nur an ein einmaliges Weltende im Rahmen eines teleologischen Geschichtsbildes, sondern auch an periodische Weltuntergänge gedacht werden kann. Dasjenige, was, wie das Wort *apokalypsis* sagt, enthüllt wird, ist also nicht irgendein Beliebiges, sondern das Ende der Welt. Wie es Jacques Ellul treffend formuliert hat: Apokalyptik ist Enthüllung der Wirklichkeit, und zwar als einer untergehenden. Apokalyptik, so lässt sich zusammenfassen, ist Enthüllung der Wirklichkeit im Untergang. Die erhoffte Erlösung impliziert die Zerstörung der vorfindlichen Welt, die in eine Sackgasse geraten scheint. Wie sich im apokalyptischen Denken eine sackgassenartig strukturierte Welterfahrung in der Gewissheit einer unausweichlichen Katastrophe verdichtet, so ist die apokalyptische Hoffnung ihrerseits von der Katastrophalität der Erlösung überzeugt. Der Weg zum Heil führt durch die Katastrophe. Neue Lebensmöglichkeiten liegen nicht innerhalb des gegenwärtigen Geschichtskontinuums, sondern jenseits seines Endes.

Die Wurzeln einer derartigen Sicht der Wirklichkeit sind in gesellschaftlichen oder individuellen Krisenerfahrungen zu suchen. Tatsächlich kann man Apokalyptik als Ausdruck eines Krisenbewusstseins bezeichnen, das auf gesellschaftliche oder politische Umbrüche reagiert. Die jeweilige Gegenwart wird als Krise erlebt, welche mit Hilfe apokalyptischer Denkmuster gedeutet und auf diese Weise bewältigt werden soll. Apokalyptik wäre demnach weniger Zukunftserforschung als vielmehr ein Versuch der Gegenwartsbewältigung.

Diese Gegenwart macht Angst. Neben der Hoffnung auf eine neue Welt bzw. einen neuen Weltzustand lässt die apokalyptische Literatur aller Zeiten ein erhebliches Angstpotential erkennen. Von dieser Angst her, welche die Apokalyptik zu bewältigen versucht, können ihre Bildersprache und Deutungsmuster erschlossen werden.

Unabhängig von seinen konkreten historischen Anlässen vermittelt apokalyptisches Denken grundlegende Einsichten in die Verfassung menschlicher Existenz. Es deckt unsere Endlichkeit wie auch die Dimension des Zerstörerischen auf. Dabei geht es nicht etwa nur um Naturgewalten, deren Bildmaterial in Apokalypsen immer wieder verwendet wird, sondern um Strukturen des Bösen und eine verselbständigte Macht. Wo die nicht etwa nur naturhafte, sondern schuldhafte Zerstörung der vorfindlichen Wirklichkeit unausweichlich wird, kann man vom Katastrophischen oder der katastrophischen Dimension der Wirklichkeit sprechen. Und eben diese erfahrbare Katastrophalität der Wirklichkeit wird durch die Apokalyptik zur Sprache gebracht. Apokalyptik erzählt davon, dass nicht nur alles individuelle Leben, sondern auch kollektive, geschichtliche, gesellschaftliche, staatliche und kulturelle Erscheinungen und Konstellationen endlich – zeitlich befristet – sind.

Grundlegend für das apokalyptische Welt- und Geschichtsverständnis ist die Erfahrung menschlicher Ohnmacht und fremder Übermacht. Apokalyptik stellt daher stets die Machtfrage. Sie verharrt dabei allerdings nicht in einer Stimmung der Weltangst, sondern versucht sie zu überwinden, indem sie eine Hoffnung verkündet, welche die Ausweglosigkeit der Endlichkeit und die Dauerhaftigkeit der Ohnmacht negiert. So wird auch das Weltende als bildhafter Inbegriff von Weltangst zu einem Symbol der Hoffnung umgedeutet. Ihre Hoffnung ist aber Hoffnung gerade auf das Ende als Vorbedingung eines Neuen. Die Katastrophalität der Wirklichkeit wird nicht geleugnet, wandelt sich aber zur Katastrophalität der Erlösung. Der drohende Untergang erscheint nun als Übergang oder Durchgang, die Katastrophe als Krise, die Neues heraufführen kann. Die apokalyptische Vorstellungswelt führt uns zu dem Gedanken, dass Zerstörung unter Umständen nicht nur unvermeidlich, sondern auch heilsam und befreiend sein kann. Dieser Gedanke impliziert, dass es Verhältnisse und Lebensumstände gibt, die nicht mehr verbesserungsfähig sind, sondern der Zerstörung preisgegeben werden müssen, damit Neues entstehen kann und neue Lebensmöglichkeiten gewonnen werden.

Indem die Apokalyptik die drohende Weltkatastrophe zur Krise umdeutet, wandelt sich auch die Katastrophenangst zur Krisenangst. Krisenangst ist Entscheidungs- oder Wandlungsangst, die eigene Handlungsmöglichkeiten nicht ausschließt und sich mit der Gebärangst vergleichen lässt. Man erinnere sich in diesem Zusammenhang daran, dass in der jüdisch-christlichen Apokalyptik öfter von den Geburtswehen gesprochen wird, in denen die Welt oder der Äon in der Endzeit liege. Indem sich die Katastrophe des drohenden Weltendes zur Krise wandelt, wird auch die Weltangst umgestimmt, ohne deshalb verdrängt zu werden.

Im apokalyptischen Denken wird die Vorstellung vom Weltende, die zunächst als Ausdruck gesteigerter Weltangst interpretiert werden kann, zur hermeneutischen Basis einer sekundären Welterklärung. Die Weltsicht der Apokalyptik beruht auf einer Hermeneutik des Endes, welche die Welt in ein phantastisch scharfes Licht taucht. Auf diese Weise werden unheilvolle Strukturen der Wirklichkeit und nicht zuletzt solche der Macht aufgedeckt, die von den Mächtigen kaschiert werden. Apokalyptik ist auf ihre Weise eine Form der Aufklärung. Allerdings werden, um im Bild zu bleiben, Strukturen des Bösen von der Apokalyptik nicht nur ans Licht gebracht, sondern überbelichtet. Dadurch reduziert sich die Komplexität des Lebens auf einen Dualismus von Schwarz und Weiß, Gut und Böse, Licht und Finsternis. Die Vereinfachung im Licht des möglichen Unheils kann ungemein erhellend sein, kann aber auch zum Zerrbild der Wirklichkeit und zur Ideologie verkommen, die sozialpsychologisch betrachtet ebenso wie die Weltuntergangserlebnisse Schizophrener pathologische Züge trägt.

Alle Apokalyptik ist also zutiefst zweideutig. Zweideutig wie ihre Sicht der Wirklichkeit bleibt auch die von ihr verbreitete Hoffnung, birgt sie doch die Gefahr, dass die Angst vor dem drohenden Weltende in Lust am Untergang umschlägt. Hieraus resultiert die Gewaltbereitschaft militanter Endzeitsekten, die sich gegen die Umwelt richten oder auch zum kollektiven Selbstmord führen kann. Daher ist es wichtig, stets nachzufragen, welche Welt im Einzelfall eigentlich untergehen soll, und wer den Weltuntergang aus welchen Gründen herbeisehnt. Auch ist nicht zu übersehen, dass gerade die Hoffnung auf die katastrophische Beendigung herrschender Zustände oder der Welt insgesamt eine Form des Eskapismus sein kann, der die vorfindliche Wirklichkeit auf ihre Katastrophalität und ihre negativen Tendenzen festlegt und gerade so reale Handlungs- und Veränderungsmöglichkeiten übersieht oder Veränderungen sogar verhindert. In diesem Fall wird die bedrohliche Welt gerade nicht überwunden, sondern belassen, wie sie ist, und also fixiert.

Nun ist auch das Neue Testament über weite Strecken von der jüdischen Apokalyptik beeinflusst. Zugleich wird aber die Apokalyptik im Christentum stark modifiziert. Das apokalyptische Wirklichkeitsverständnis wird weder pauschal abgelehnt noch widerspruchslos geteilt. Was die christliche Weltsicht von einer apokalyptischen grundlegend unterscheidet, ist der Umstand, dass ein bereits eingetretenes Ereignis der Geschichte als Einbruch des Heils bewertet wird und damit die Geschlossenheit der Unheilsgeschichte prinzipiell durchbrochen ist. Diesen Unterschied markiert der Glaube, dass Kreuz und Auferweckung Jesu von Nazareth ein die Welt grundlegend und endgültig umwandelndes Heilsgeschehen sind. Gerade indem das Geschick Jesu mit Hilfe der apokalyptischen Vorstellung von der Totenauferweckung interpretiert wird, werden die Voraussetzungen apokalyptischen Denkens verlassen. Neben aller Erfahrung von Heillosigkeit ist die Welt nun zugleich ein Ort der Heilsgegenwart.

Hieraus entspringt ein neuer Umgang mit der apokalyptischen Weltangst. Den christlichen Glauben zeichnet ein spezifischer Mut zu Angst aus, keineswegs völlige Angstlosigkeit. Am Neuen Testament lässt sich die Aufhebung apokalyptischer Weltangst studieren, die in der Überzeugung gründet, dass die apokalyptische Struktur der Wirklichkeit durch das Auftreten und das Geschick Jesu von Nazareth im Prinzip durchbrochen ist. Deshalb kann es in Johannes 16,33 heißen: „In der Welt habt ihr Angst; aber seid getrost, ich habe die Welt überwunden." Die Daseinshaltung, die aus solchem Glauben resultiert, beschreibt Paulus in 2. Korinther 4,8f: „In allem sind wir bedrängt, aber doch nicht eingeengt. Wir wissen nicht, wo aus noch ein, aber den Weg verlieren wir dennoch nicht. Verfolgt werden wir, aber nicht im Stich gelassen; zu Boden geworfen, aber nicht zunichte gemacht." So wird in paradoxer Weise im christlichen Glauben die apokalyptische Daseinserfahrung zugleich geteilt und negiert.

Heute stehen wir jedoch vor der Frage, welche Aussagekraft die christliche Botschaft angesichts der heute für Mensch und Natur bestehenden Bedrohungen globalen Ausmaßes noch hat und worin die religiöse Orientierungsleistung der Theologie bestehen könnte. Wenn christliche Theologie einen Bezug zur Wirklichkeit hat und Aussagen des Glaubens im Streit um die Wirklichkeit Relevanz beanspruchen, müsste auch theologisch die Möglichkeit ernst genommen werden, dass die Menschheit keine Überlebensgarantie hat und auch der christliche Glaube zu einer solchen nicht autorisiert ist. Dieser kann sich freilich auch nicht im ethischen Appell zur Bewahrung der Schöpfung erschöpfen, haben doch die ökologischen und geopolitischen Gefahren ein Ausmaß erreicht, welches den praktischen Erfolg aller Anstrengungen zur Bewahrung der Schöpfung zweifelhaft erscheinen und den Menschen offenbar nur noch die Alternative von Titanismus oder Defätismus lässt.

Mut ist ein ethischer Begriff. Als Bejahung des in Frage gestellten Seins hat sich der Glaube praktisch zu bewähren im Protest gegen alles Katastrophische, das die Welt apokalyptisch werden lässt. Der Glaube starrt nicht ängstlich gebannt auf das Weltende noch gibt er sich der apokalyptischen Lust am Untergang hin, sondern bejaht das von Gott bejahte Leben und die von ihm bejahte Welt durch seinen tätigen Einsatz für beide im Hier und Jetzt. Sein Protest äußert sich nicht allein im Handeln und Hoffen, sondern auch in der Bereitschaft zum Leiden. Diese hat sich in der Solidarität mit den Opfern der Geschichte, der Erinnerung ihrer Leiden und im Gebet um das Kommen des Gottesreiches zu bewähren. Wer die Welt so liebt, dass mit ihr alles verloren zu sein scheint, ohne sich verzweifelt an sie zu klammern, der spricht ihr einen unbedingten Sinn zu, dessen Zu-Kommen der Advent Gottes ist. Dieser Sinn bleibt menschlicher Verfügungsmacht freilich entzogen und kann unserem Handeln nur adventlich zu-kommen. Der Glaube produziert nicht, sondern proklamiert einen Sinn des Lebens und der Welt, der beiden einzig von Gott her zukommen kann und selbst noch angesichts der möglichen Selbstzerstörung der Menschheit Bestand haben wird.

Veröffentlichungsnachweis

Mein Glaube. Erstveröffentlichung unter dem Titel „Als Abwesender anwesend", in: J. Röser (Hg.), Mein Glaube in Bewegung. Stellungnahmen aus Religion, Kultur und Politik, Freiburg/Basel/Wien [2]2008, S. 147–149

Liebe, Schlaf und Tod. Erstveröffentlichung in: R. Moritz (Hg.), Über „Schlafes Bruder". Materialien zu Robert Schneiders Roman, Leipzig 1996, [2]1996, [3]1998, [4]2001, S. 92–100

Das Recht auf Faulheit. Erstveröffentlichung in: Die Kirche. Evangelische Wochenzeitung, Nr. 17, 29.4.2007, S. 1

Zuspruch und Anspruch der Liebe. Erstveröffentlichung unter dem Titel „Gesetz und Evangelium", in: E. Starke (Hg.), Christsein konkret. 50 wichtige Themen – von kompetenten und prominenten Autorinnen und Autoren erklärt, Neukirchen-Vluyn 2005, S. 63–66

Pfingsten. Erstveröffentlichung: Gottesdienst- und Predigtentwurf zu Act 2,1-18 (Pfingstsonntag, II. Predigtreihe), Werkstatt für Liturgie + Predigt, 1992, H. 5, S. 169–176

Season's Greetings. Erstveröffentlichung in BRU Magazin, H. 49, 2008, S. 2–4

Das Hoffen lernen. Erstveröffentlichung in: Amt und Gemeinde 53, 2002, H. 8, S. 185–188

Er aber sprach kein Wort mehr. Erstveröffentlichung unter dem Titel „Verhetztes Volk – kreuzigt ihn!“: P. Karner (Hg.), Der liebe Gott und die Leut'. Volk – Gemeinde – Jüngerschaft (Wiener Predigten Nr. 28), Wien 1998, S. 76–87

Mandorla. Erstveröffentlichung: Gottesdienst- und Predigtentwurf zu Joh 19,16-30 (Karfreitag, I. Predigtreihe), Werkstatt für Liturgie + Predigt, 1991, H. 2, S. 73–80

Leibhaftig leben – leibhaftig sterben. Erstveröffentlichung in: E. Lade (Hg.), Musterbeispiele Trauergottesdienste, Kissing 1999, Nachlieferung 11/99, S. 1–19

Im „Presse Spectrum“ sind erschienen (dort z.T. gekürzt):
– Vergebung!
– Evolutionstheorie: Plan ohne Master
– „Dem Rad in die Speichen fallen“
– Geboren sein

Im „Standard“ erschienen:
– Narrenfreiheit um des Glaubens willen

In der „Furche“ erschienen:
– Religionen sind nicht einerlei
– Enthellenisierung des Christentums?
– Keine Ökumene im eigentlichen Sinne

– Darwin und die Rache Gottes
– Der zerbrechliche Mensch

In „Christ in der Gegenwart“ erschienen:
– Sinn und Geschmack fürs Unendliche
– Im Schmerz um den verborgenen Gott

Folgende Texte sind als „Evangelisches Wort“ in ÖI gesprochen worden:
– Gelingendes Leben – misslingendes Leben?
– Verdanktes Leben
– Religion der Freiheit